DU MÊME AUTEUR

LE PERROQUET DE FLAUBERT, Stock, 1986, prix Médicis étranger

LE SOLEIL EN FACE, Stock, 1987

UNE HISTOIRE DU MONDE EN 10 CHAPITRES ET DEMI, Stock, 1990

AVANT MOI, Denoël, 1991

LOVE, ETC..., Denoël, 1992, prix Femina étranger

LE PORC-ÉPIC, Denoël, 1993

METROLAND, Denoël, 1995

LETTRES DE LONDRES, Denoël, 1996

OUTRE-MANCHE, Denoël, 1998

ENGLAND, ENGLAND, Mercure de France, 2000

DIX ANS APRÈS, Mercure de France, 2002

QUELQUE CHOSE À DÉCLARER, Mercure de France, 2004

UN HOMME
DANS SA CUISINE

Julian Barnes

UN HOMME DANS SA CUISINE

Traduit de l'anglais
par Josette Chicheportiche

MERCVRE DE FRANCE

BIBLIOTHÈQUE ÉTRANGÈRE

Collection dirigée par
Marie-Pierre Bay

Titre original :

THE PEDANT IN THE KITCHEN

À Celle-pour-qui

Préface

Quand j'étais petit, dans les années 50, l'idée d'« Un homme dans sa cuisine » était grotesque. Les femmes faisaient les courses, concoctaient des plats, les apportaient à table et desservaient. Les femmes : ma mère essentiellement, ma grand-mère aussi, les femmes dans les couples d'amis de mes parents, et les mères de mes propres amis. À l'école, il y avait les « dames de la cantine », qui remplissaient les assiettes que nous leur tendions. La cuisine était un domaine entièrement féminin, une aire de compétence – ou d'incompétence – qui se transmettait de mère en fille depuis des siècles. Mais chez moi, ce savoir allait s'éteindre puisque ma mère n'avait donné naissance qu'à des garçons.

Que faisaient les hommes ? Les hommes gagnaient l'argent pour payer les courses et parfois, comme dans le cas de mon père, bêchaient le jardin ou un lopin de terre qui fournissait des légumes pour la cuisine ; ils découpaient la viande, ils aidaient à la vaisselle. Ils donnaient leur avis aussi sur les plats, ou plutôt félicitaient la cuisinière. La paix des ménages exigeait en effet que si le plat était raté, ce soit toujours la faute du boucher, de l'épicier, du marchand de fruits et de légumes.

Il y avait des restaurants, mais nous n'y allions jamais (je me demande qui mangeait au restaurant, à cette époque). Pendant les vacances, nous séjournions en demi-pension dans des hôtels au bord de la mer ou dans les îles anglo-normandes. Là aussi, la domination féminine était de rigueur. Derrière les « dames de la cantine » régnait peut-être un cuisinier braillard et rougeaud, qui buvait probablement trop, à en juger par ce qu'on nous servait parfois à l'école. Lorsque j'arrivai à Oxford, j'étais vaguement conscient d'une présence masculine dans les cuisines de l'université. Mais beaucoup d'étudiants vivaient encore dans des chambres meublées où les repas étaient assurés par la logeuse. Un système similaire existait dans le monde des adultes : des amis et des collègues célibataires de mon père vivaient chez une parente qui leur faisait à manger ou prenaient pension chez une dame qui leur préparait le petit déjeuner et le dîner.

C'était un monde statique et conservateur dans lequel certains aliments convenaient à certains plats, et où la gastronomie se montrait peu audacieuse. Par exemple, lorsque le potager de mon père donnait trop de légumes, il apportait le surplus de carottes, de choux et de haricots à rames chez l'épicier du coin qui les vendait de sa part. (Dans les années 60, le code du commerce était plus libre.) Une année, en francophile qu'il était, il planta des courgettes, et apporta consciencieusement l'excédent de sa récolte à la boutique. Qu'est-ce que c'est ? lui demanda-t-on. Des courgettes, répondit-il. C'est une espèce de concombre ? Non, ça ressemble plutôt à des petites courges, mais c'est meilleur. Il se peut même qu'il ait expliqué comment les Français les cuisinaient. Sceptique mais confiant, le marchand les disposa dans un panier à un prix ridiculement bas. À la fin de la semaine, pas un seul client ne s'était laissé tenter, et les courgettes, alors toutes molles, furent renvoyées à mon père.

Comme les choses ont changé ! Aujourd'hui, en Angleterre, une femme au foyer, ou un homme au foyer, serait outrée si l'on ne trouvait pas de courgettes – généralement expédiées par voie aérienne depuis l'Afrique ou l'Amérique du Sud – toute l'année. De nos jours, les hommes font le marché sans éprouver le moindre sentiment de honte, même s'ils pratiquent parfois cette activité comme un sport de compétition. Lorsque nous allons dîner chez des amis, mon épouse et moi, il est rare que la femme ait tout fait ; le couple se partage les tâches et il arrive souvent que l'homme soit le seul à cuisiner dans la maison. Aller au restaurant n'a également plus rien d'exceptionnel pour les Anglais – c'est même devenu un snobisme essentiel. La qualité de l'alimentation s'est améliorée, le choix élargi. Les chefs (qui sont encore en majorité des hommes) et les écrivains culinaires (domaine que les hommes et les femmes se partagent à part égale) se voient offrir une place importante dans la presse. Le vin n'est plus le privilège des classes supérieures ni des nantis. Les structures et les préjugés se sont en grande partie effondrés. Dans un tel environnement, l'homme qui cuisine à la maison ne suscite plus aucune méfiance, contrairement au fils d'un mineur, par exemple, dont le rêve serait de devenir danseur de ballet.

Nombre de ces changements sont passés inaperçus en France. S'il existe un domaine où le chauvinisme français est bien plus développé qu'aucun autre, c'est celui de la cuisine et du vin. L'Angleterre éveille toujours dans l'esprit français des images ataviques de plats franchement peu ragoûtants – légumes bouillis au point de se déliter, viande aux couleurs d'un uniforme de l'armée prussienne, mixtures atroces du genre sauce à la menthe, et la « crise cardiaque garantie » qu'on appelle « petit déjeuner anglais complet ».

Quand des Français me disent : « Je suis allé une fois à Londres, et j'ai déjeuné dans un pub près de Piccadilly... », aussitôt, la nausée se lit sur leur visage. S'ils cherchent à être polis, ils parviennent tout juste à réprimer la pitié dans leurs voix et ajoutent : « Mais ça m'est arrivé une fois de bien manger en Angleterre. »

Ce à quoi je réponds : « Savez-vous que dans les années 70, il y avait trois restaurants en Provence récompensés de trois étoiles au guide Michelin et aucun à Londres, tandis que vingt ans plus tard, il n'y en avait plus un seul en Provence mais trois à Londres ? » En fait, si je veux retourner le couteau dans la plaie, je pourrais ajouter qu'il y a toujours un restaurant trois étoiles sur la Côte d'Azur, mais malheureusement à Monaco. J'admets toutefois que la qualité de la cuisine et des ingrédients reste supérieure en France – vous voyez, je ne suis pas complètement fou –, mais la situation dans mon pays s'est nettement améliorée ; on y constate des nuances et une subtilité plus grandes que certains Français veulent bien le reconnaître. Quand j'étais petit, l'huile d'olive se vendait en pharmacie et servait à ramollir les bouchons de cérumen. Aujourd'hui, les Anglais ont totalement oublié cette fonction, et en arrosent leurs plats plutôt que leurs oreilles.

Ce livre explique en partie comment nous sommes passés de cet « avant » à cet « aujourd'hui » ; comment les Anglais se sont doucement débarrassés de leur puritanisme gastronomique ; comment l'un des effets secondaires et bénéfiques de la libération de la femme dans les pays anglo-saxons a permis aux hommes de découvrir et de partager le plaisir de préparer le repas ; comment des experts – français, italiens, américains et anglais – nous ont aidés à affiner notre compréhension et nos compétences ; et comment un homme vierge de toute connaissance culinaire a appris tout seul, quelques années après avoir perdu sa virginité, à faire la cuisine. On y parle aussi (puisqu'il s'agit d'un texte autobiographique) d'angoisse et d'échec, autant que de confiance et de succès. Tout n'est pas devenu parfait en l'espace d'une génération. Mais la prochaine fois qu'une Anglaise, ou un Anglais – bien que cela puisse surprendre un esprit français – vous invite à dîner, inutile de consulter votre agenda et de vous découvrir brusquement un rendez-vous urgent à l'autre bout du pays. Acceptez plutôt. Vous pourriez passer une bonne soirée.

Julian Barnes
Londres, 2004.

Les débuts tardifs d'un cuisinier

Je suis tard venu à la cuisine. Dans mon enfance, un protectionnisme de bon ton entourait les activités que l'on pratiquait dans l'isoloir, le lit matrimonial et sur le banc des églises. Un quatrième territoire secret – du moins, secret pour les garçons –, au sein des foyers de la classe moyenne anglaise, m'a échappé : la cuisine. Personne n'allait jusqu'à dire que cuisiner faisait efféminé, c'était simplement quelque chose qui ne convenait pas aux hommes, à la maison. Les matins d'école, mon père préparait le petit déjeuner – porridge réchauffé, servi avec sirop doré, bacon et toasts –, tandis que ses fils s'appliquaient à nettoyer les chaussures et s'occupaient du fourneau : ramasser les cendres, remettre du charbon.

Les compétences culinaires des hommes étaient clairement limitées à ces tâches matutinales pour dilettantes. Ce fut on ne peut plus évident un jour où ma mère dut s'absenter. Mon père prépara mon déjeuner et, ignorant de la théorie des sandwiches, rajouta avec amour des aliments supplémentaires dont il me savait particulièrement friand. Quelques heures plus tard, dans un train du réseau ferroviaire sud, en route pour un terrain de sport situé en dehors de la ville, j'ouvris mon panier-repas en présence de mes camarades rugbymen. Mes sandwiches étaient détrempés, en miettes et rouge vif à cause des morceaux de betterave coupés de la main paternelle ; ils étaient rouges de honte pour moi tandis que je rougissais de honte pour leur auteur.

Il en va de la cuisine comme du sexe, de la politique et de la religion : quand je commençai à m'y intéresser, il était trop tard pour interroger mes parents. Ils avaient omis de me l'apprendre, je les punirais en ne leur posant aucune question. J'avais vingt-cinq ans et je préparais le barreau ; certains plats que je concoctais alors étaient criminels. En tête de mon répertoire figuraient les côtelettes de porc fumé avec des petits pois et des pommes de terre. Les petits pois étaient surgelés, bien sûr ; les pommes de terre en boîte, pelées et présentées dans une saumure douceâtre que j'aimais bien boire ; et les côtelettes ne ressemblaient à rien de ce que l'on rencontra par la suite sous ce nom. Désossées, préformées et d'un rose lumineux, elles se distinguaient par leur capacité à conserver une teinte fluorescente quel que soit le temps de cuisson qu'on leur imposait. Cela laissait toute latitude au chef : on ne les trouvait jamais pas assez cuites, sauf quand elles étaient carrément froides, ni jamais trop cuites, sauf quand elles étaient carbonisées. Ensuite, on étalait copieusement le beurre sur les petits pois, les pommes de terre et, en général, sur les côtelettes aussi.

Les principaux paramètres qui gouvernaient alors ma façon de « cuisiner » étaient la pauvreté, l'absence de talent et un conservatisme gastronomique. D'autres n'auraient mangé que des abats ; je ne tolérais guère que la langue en conserve, quoique le corned beef contînt sans aucun doute des parties du corps qui n'eussent pas été les bienvenues sous leur forme originale. La poitrine d'agneau constituait une denrée de base : facile à rôtir, sans trop de pièges à la cuisson, et source de trois dîners successifs pour un shilling environ. J'obtins ensuite mon diplôme en épaule d'agneau, que je servais avec une énorme tourte aux poireaux, carottes et pommes de terre, préparée à partir d'une recette de l'*Evening Standard*. La sauce au fromage de la tourte avait toujours un goût de farine trop prononcé, bien qu'atténué à force de la réchauffer. Je ne compris pourquoi que plus tard.

Mon répertoire s'étendit. Il me fallait absolument maîtriser, du moins apprivoiser, la viande et les légumes. Vinrent ensuite les puddings et les soupes originales ; plus tard – bien plus tard –, les gratins, les pâtes, le risotto, les soufflés. Le poisson m'a toujours posé un problème, que je n'ai d'ailleurs résolu qu'à moitié.

Au cours de visites familiales, on découvrit que je cuisinais. Mon père observa cette évolution avec la même réserve qu'il m'avait témoignée autrefois quand il me surprit à lire *Le Manifeste du parti communiste* ou quand je l'obligeai à écouter les quatuors à cordes de Bartók. S'il n'y a pas pire que ça, semblait signifier son attitude, j'arriverai probablement à le supporter. Ma mère s'en réjouit davantage ; n'ayant pas de fille, elle se voyait remerciée de ses années passées aux fourneaux par au moins un de ses enfants. Nous ne nous entretenions point de nos recettes, mais elle remarqua le regard de convoitise que je posais à présent sur son vieil exemplaire de *Mrs. Beeton.* Mon frère, à l'abri derrière une vie universitaire et conjugale, ne sut jamais cuisiner que des œufs sur le plat jusqu'à l'âge de cinquante ans.

Le résultat de tout cela – et je tiens à préciser que la faute incombe à « tout cela » plutôt qu'à moi-même –, c'est que si je fais la cuisine aujourd'hui avec enthousiasme et plaisir, je ne m'autorise que peu de liberté ou d'imagination. J'ai besoin d'une liste de courses précise et d'un livre de recettes avec lequel j'entretiens une relation avunculaire. Faire son marché avec insouciance – désinvolte, son panier en osier au bras, et acheter en toute sérénité ce que la saison offre de meilleur pour le combiner ensuite en un plat qui a déjà ou n'a pas déjà été fait – restera toujours au-delà de mes compétences.

Dans la cuisine, je suis un obsessionnel anxieux. Je respecte les indications et les temps de cuisson. Je fais davantage confiance aux ustensiles qu'à moi-même. Je ne saurai probablement jamais si un morceau de viande est cuit en le tâtant avec mon index. La seule liberté que je m'autorise avec une recette est d'augmenter la quantité d'un ingrédient que j'aime particulièrement. Le précepte n'est pas infaillible, comme le prouve un plat aussi mémorable qu'abominable que je fis un jour avec du maquereau, du Martini et de la chapelure : les invités s'en trouvèrent plus soûls que rassasiés.

Je rechigne également à goûter, et j'ai toujours des excuses toutes prêtes. Par exemple : ça ne peut pas avoir le même goût maintenant, dans l'après-midi, après un thé sucré, que ce soir, après un gin tonic revigorant. Bref, à ce stade, j'ai peur de découvrir quelque chose qui ne ressemble en rien à de la cuisine. Bien sûr, on peut aussi se dire qu'il est inutile de goûter puisqu'on suit la recette à la lettre, et que (a) il n'est nulle part stipulé que l'on doive goûter maintenant, et (b) puisque la recette émane d'une autorité, pourquoi obtiendrait-on autre chose que ce qui est prévu ?

Certes, c'est quelque peu puéril de ma part. Tout comme mes réactions infantiles et capricieuses. Si vous vous trouvez dans ma cuisine et que, après avoir négligemment trempé votre doigt dans quelque préparation, vous déclarez que c'est bon, votre remarque me sapera le moral car mon but était de vous surprendre avec cette même préparation servie dans l'assiette. Mais si, au contraire, vous suggérez avec douceur, générosité et civilité qu'il manque un soupçon de noix de muscade, ou que la sauce pourrait être légèrement réduite, je considérerai votre intervention comme des plus grossières.

Je m'emporte aussi souvent contre les livres de cuisine auxquels je me réfère tant. On peut cependant comprendre l'importance du comportement obsessionnel dans ce domaine. Et il n'y a pas plus obsessionnel que le cuisinier autodidacte, qui tourne les pages avec anxiété et la mine renfrognée. Mais pourquoi un livre de cuisine serait-il moins précis qu'un manuel de chirurgie ? (En supposant, comme tout un chacun le fait avec angoisse, que les manuels de chirurgie sont précis. Qui sait si certains ne se lisent pas comme des livres de cuisine : « Balancer une goutte d'anesthésiant dans le tube, couper grossièrement un morceau du patient, observer le sang s'écouler doucement, boire une bière avec ses potes, recoudre la cavité… ») Pourquoi un terme dans une recette aurait-il moins d'importance qu'un terme dans un roman ? L'un peut conduire à une indigestion physique, l'autre à une indigestion mentale.

Je rêve parfois qu'il en soit autrement, comme la plupart des cuisiniers de la vingt-cinquième heure. Si seulement ma mère m'avait appris les subtilités de la cuisine à l'eau ou au four… Entre autres choses, je ne serais pas si pathétique aujourd'hui dans mon besoin d'éloges. Lorsque la porte d'entrée se referme sur le dernier invité, je sens monter en moi toujours la même lamentation : « J'ai trop fait cuire l'agneau/le bœuf/etc. » En réalité, ce que je veux dire, c'est : « Ce n'était pas trop cuit, n'est-ce pas ? Si ? Mais ça allait quand même, non ? » En général, j'obtiens le démenti auquel j'aspire ; de temps en temps, je me vois rappeler qu'après l'âge de vingt-cinq ans, on n'est plus en droit de blâmer ses parents pour quoi que ce soit. Mieux, on est même autorisé à leur pardonner. Alors, d'accord, papa, tes sandwiches à la betterave étaient bons, bien assaisonnés, et – eh bien – très originaux. Je n'aurais pas mieux fait moi-même.

Attention : obsessionnel au travail

Alors que je n'avais guère plus de trente ans, quand la cuisine, lieu d'une amère nécessité, se transformait progressivement en un lieu de plaisir crispé, j'essayai pour la première fois de faire des carottes Vichy. Tout naturellement, je consultai une recette dans un livre – écrit, en l'occurrence, par une amie de Celle-pour-qui-l'obsessionnel-cuisine. Carottes, eau, sel, sucre, beurre, poivre et persil : rien de bien insurmontable au niveau des ingrédients. Aussi, les réunis-je avec un sentiment proche de la franche assurance. J'eus même le temps de me demander si Vichy avait un rapport avec Pétain (les ingrédients étant les collaborateurs), avec la santé et la station thermale (mais que penser du beurre, du sucre et du sel ?) ou tout simplement avec une vieille recette de la région.

Même pour qui est doté d'une sensibilité extrême aux dangers éventuels, la recette semblait facile. En gros : peler, couper en rondelles, faire bouillir, assaisonner et surveiller pour éviter que ça colle ou que ça brûle. J'étais sur le point de me lancer dans la confection de mes carottes Vichy quand je remarquai une erreur dans le texte. Celui-ci se divisait en trois parties, numérotées ainsi : 1, 2 et 4. Je le montrai à Celle-pour-qui. Tout autant déconcertée que moi par le paragraphe manquant, elle me suggéra de téléphoner à la cuisinière ; il s'agissait de son livre, après tout.

Je ne m'en sentais pas capable. Les médecins redoutent le moment où un repas en société est gâché par leur voisin de table qui, tout en remontant le bas de son pantalon, leur murmure : « Cela vous ennuierait de jeter un coup d'œil à ceci… ? » Les romanciers, eux, redoutent le moment où une personne sympathique leur annonce brusquement qu'elle a écrit une nouvelle – pas très longue, juste 130 pages – et que leur opinion aurait tellement de valeur. De la même manière, les auteurs de livres de cuisine doivent redouter le coup de fil – à tous les coups lorsqu'ils sont eux-mêmes à leurs fourneaux – au sujet d'un obscur problème dans un ouvrage aujourd'hui épuisé ; ou la personne qui leur demande si, dans la mesure où il n'y a pas de poudre de piquants de porc-épic dans le garde-manger, ce serait gênant de…

Cependant, comme j'attendais des invités, je pris mon courage à deux mains et appelai l'auteur du livre. Je lui exposai le problème.

« Lisez-moi la recette », me répondit-elle. Je m'exécutai. « Ça me paraît très bien, déclara-t-elle.

– Là n'est pas la question, répliquai-je, car je m'interrogeai sur la lecture littérale du texte. Je me demandais s'il y avait un troisième paragraphe omis par l'éditeur, auquel cas, quel est-il ? Ou si le 4 est une faute d'impression qui se serait substituée au 3 ?

– Relisez-moi la recette », dit-elle (en train de battre sans nul doute des œufs en neige pour un soufflé à l'oursin, le téléphone coincé contre son épaule). Je m'exécutai à nouveau. « Ça me paraît très bien », répéta-t-elle, manifestement déroutée par mon coup de fil.

C'est à ce moment-là que je pris conscience du gouffre qui existait entre Eux et Nous. Si les riches sont différents parce qu'ils ont plus d'argent, les cuisiniers dont nous suivons les recettes sont différents car ils n'ont plus besoin des conseils que nous réclamons si avidement. Être un grand cuisinier est une chose ; être un auteur de bons livres de cuisine en est une autre, et repose – comme l'écriture de romans – sur la compréhension de la personne, l'imagination et une puissance descriptive précise. Contrairement à la croyance sentimentale, la plupart des gens n'ont pas un roman qui sommeille en eux ; et la plupart des chefs ne produisent pas de livres de cuisine.

« On devrait couper la langue des artistes », a déclaré un jour Matisse. La même remarque – d'autant plus métaphorique dans ce cas – s'applique à de nombreux chefs. On devrait les enchaîner à leurs fourneaux et ne les autoriser qu'à passer les plats par le guichet au fur et à mesure des commandes. Je suis descendu une fois à l'Hôtel du Midi, à Lamastre, où je suis resté deux nuits. Vanté par Elizabeth David, l'établissement continue de servir une *cuisine ancienne**[1] extrêmement raffinée. Alors que je payais ma note, je remarquai une affiche des vingt plus grands chefs d'Ardèche. On les voyait, se tenant gaiement debout sur les marches d'un château, pomponnés et coiffés de leur toque. Je demandai à la maîtresse des lieux lequel était son époux.

« Vous l'avez sûrement reconnu ? » me répondit-elle. Non. En deux jours, je ne l'avais pas vu une seule fois. « C'est parce qu'il est tout le temps à la

* Les mots en italique suivis d'un astérisque sont en français dans le texte. *(N.d.T.)*

cuisine. » Plus tard seulement, je mesurai à quel point c'était rare – et sage.

Bien sûr, nous voulons des recettes, et nous sommes tout à fait en droit de les réclamer. Dans le temps, leur transmission était orale et matrilinéaire. Puis elle se fit par le biais de l'écrit et devint de plus en plus patriarcale. Aujourd'hui, la cuisine peut nous être enseignée par des hommes ou des femmes, et la méthode est soit orale (le chef s'exprimant lors d'une émission télévisée), soit écrite (le livre de recettes) ou les deux à la fois (le livre de recettes publié au moment où passe une série d'émissions à la télévision). Je reste un cuisinier attaché à l'écrit, et je me méfie énormément de ceux qui pensent accroître leur célébrité devant la caméra. Même aux premières heures de la télévision, les cuisiniers à l'écran n'étaient pas exactement des philosophes. De nos jours, ils apparaissent encore plus complices, dans le genre copain-copain : « Hé, n'importe quel crétin peut le faire – ne croyez pas qu'il faut être spécial, de la haute ou intelligent. »

Non, bien sûr, on ne le croit pas. Mais apprendre et enseigner, même si nous l'avons réduit à une mascarade, sera toujours apprendre et enseigner. Lorsque j'étais écolier, on s'insultait à coups de : « Celui qui peut, agit. Celui qui ne peut pas, enseigne. » Ce à quoi mon père, en homme habile à manier l'ironie qui se trouvait également être professeur, ajoutait : « Et celui qui ne peut pas enseigner, enseigne aux enseignants. » Il est à noter que le corps enseignant s'est adroitement réapproprié cette insulte en lançant le slogan : « Celui qui peut, enseigne. »

Celui qui peut, cuisine. Celui qui ne peut pas, fait la vaisselle. Pendant qu'on y est : l'obsessionnalité ou la non-obsessionnalité sont uniquement des indicateurs du tempérament, et non des talents culinaires. Les non-obsessionnels ont souvent du mal à comprendre les obsessionnels, et adoptent facilement un air de supériorité. « Oh, je ne suis pas les recettes », diront-ils, comme si cuisiner en s'aidant d'un livre revenait à faire l'amour avec un manuel de sexologie ouvert à ses côtés. Ou : « Je lis les recettes, mais seulement pour y piocher des idées. » Très bien, mais permettez-moi de vous demander ceci : feriez-vous appel à un avocat qui dirait : « Au fait, j'ai jeté un coup d'œil à deux ou trois lois, histoire d'y piocher quelques idées » ? L'un des meilleurs cordons-bleus que je connaisse sort automatiquement son livre de cuisine dès qu'elle fait un poulet rôti. La vérité est que la question du comportement obsessionnel ou non obsessionnel est à double tranchant. Un obsessionnel peut être un partisan obstiné des consignes, peu curieux et dur du palais, ou bien un passionné résolu à tout faire à la perfection ; tandis qu'un non-obsessionnel peut être tout simplement un fainéant, un « créatif » de la pire espèce, farfelu et vaniteux, ou bien quelqu'un d'assuré car il a maîtrisé la technique et connaît toutes les harmonies secrètes de la cuisine. Je ne tiens pas nécessairement à manger la cuisine d'un obsessionnel, mais j'éprouve un vif intérêt pour ce qui se passe autour du fourneau et dans la tête. Et j'inclus dans mon camp aussi tous les niveaux les plus élevés de la profession. Même les chefs que l'on dit expérimentés et inventifs (bien que l'originalité apparente soit en grande partie du vol à l'état pur), savent que le plat dont ils se sentiront fiers doit être créé de façon très, très précise, avec la plus petite marge d'erreur possible. « Après tout, ça ira bien comme ça » n'est pas une phrase que l'on entend souvent dans les cuisines des grands restaurants. Mon pire repas – celui qui m'est le plus resté en travers de la gorge –, je l'ai mangé dans un restaurant français récompensé de plusieurs étoiles où le chef avait érigé en principe et en slogan une volonté non obsessionnelle : il se vantait de faire une *cuisine d'instinct**. La première et dernière fois où je mangeai *chez lui**, son instinct lui commandait de cautionner à lui seul toute l'industrie du vinaigre de la nation. Les plats pataugeaient dans des assiettes creuses remplies de vinaigre ; on ne pouvait que redouter les cruautés qui seraient infligées au fromage, à la crème brûlée et au café.

Vingt ans après, je continue de suivre la même recette de carottes Vichy, et j'ai plus ou moins décidé que le troisième paragraphe, qu'il existe ou pas, n'avait probablement rien à voir avec le reste. J'ai fini aussi par comprendre le nom « carottes Vichy » : parce qu'à l'origine, on les faisait cuire dans une eau thermale. Avant que l'eau en bouteille ne devienne si omniprésente, on la remplaçait par de l'eau du robinet à laquelle on rajoutait une pincée de bicarbonate. Cependant, comme le fait remarquer l'auteur de livres de recettes Jane Grigson avec une infinie sagesse : « Je doute qu'on fasse la différence entre des carottes lustrées, cuites dans de l'eau de Vichy, dans de l'eau du robinet avec un peu de bicarbonate ou dans de l'eau du robinet tout court. »

Voilà le genre de phrase que j'aime.

Prendre deux oignons moyens

La voisine de la mère d'une amie (oui, je sais, mais il se trouve que c'est la vérité) décida un jour de faire de la confiture. Elle n'en avait jamais fait. La mère de mon amie lui conseilla l'association mûres-pommes. Le lendemain, la voisine vint lui présenter le sinistre résultat suivant : trois à quatre centimètres d'une matière noire solidifiée, qui céderait peut-être sous la fraise d'un dentiste, reposaient au fond d'un pot. Quelque chose n'avait pas marché, pensait-elle.

Lors du contre-interrogatoire de la police des recettes, elle reconnut avoir consulté un livre dans lequel il était dit : « Une livre de fruits pour une livre de sucre. » Pour une raison quelconque (quand on a un petit pois dans la tête), elle se persuada que la meilleure façon de mesurer les ingrédients était d'utiliser un pot de confiture vide ayant

autrefois contenu une livre de confiture industrielle. Elle le remplit une première fois avec les fruits, pour la livre de fruits, et une seconde fois avec du sucre, pour la livre de sucre.

Cette histoire mérite, me semble-t-il, plus qu'un éclat de rire ; on pourrait même aller jusqu'à ricaner. Si nous nous sommes tous couverts de ridicule à un moment ou à un autre de notre vie – je connais un romancier canadien qui a essayé de faire du pesto avec des feuilles de basilic séchées –, jamais nous n'avons été aussi ridicules. En pareilles circonstances, on ne peut qu'être désolé pour les auteurs de livres de cuisine. Ils composent leurs meilleures recettes, demandent à leurs amis de les tester, les éditeurs y rajoutent leur grain de sel, et puis – voilà ce qui arrive. Ils doivent sûrement en débattre au moment du dessert, lors des conférences culinaires ; ça pourrait même être l'objet d'une série télé, après *Les pires chauffeurs du monde* et *Un voisin d'enfer*. Si seulement ils avaient fait ce qu'on dit…

L'obsessionnel ne se soucie pas de savoir si la cuisine est une science ou un art ; pour lui, c'est une technique qui nécessite de l'adresse, au même titre que l'ébénisterie ou la soudure chez soi. Ce n'est pas non plus un cuisinier à l'esprit de compétition. Il a découvert avec surprise que le jardinage, malgré son air de sérénité tout édénique, était une activité atrocement compétitive, à laquelle se livrent souvent les envieux, les fourbes, les criminels dormants. Qu'il existe des cuisiniers à l'esprit compétitif, cela ne fait pas l'ombre d'un doute, mais l'obsessionnel ne compte pas parmi eux. Lui, il veut simplement préparer des plats savoureux et nutritifs ; il veut simplement ne pas empoisonner ses amis ; il veut simplement étendre progressivement son répertoire.

Ah, le pathos de ces « simplement ». Avec ces ambitions de technicien, il n'inventera jamais ses propres plats. À l'occasion, il peut se laisser aller à quelque acte de désobéissance, mais il est par essence un esclave des recettes, un disciple consciencieux de la parole des autres. Ainsi est l'obsessionnel à jamais enchaîné au rocher de sa névrose : non pas là où il mange du foie, mais où son foie est mangé.

Face à une nouvelle recette, même simple, l'obsessionnel voit remonter d'anciennes angoisses : les mots flashent devant lui tels des panneaux « stop ». Cette recette approximative laisse-t-elle une latitude heureuse à l'interprétation, ou plutôt, une liberté effrayante ? L'auteur était-il incapable de s'exprimer avec plus de précision ? Cela commence par des mots simples. Quelle est la grosseur d'un

« morceau », le volume d'un « doigt » ou d'une « goutte », à quel moment l'« humidification » se transforme-t-elle en pluie ? Est-ce qu'une « tasse » est un terme générique rudimentaire ou une mesure américaine précise ? Pourquoi recommander d'ajouter un « verre à vin » de quelque liquide, quand on trouve des verres à vin de toutes les tailles ? Ou – pour revenir brièvement à la confiture – que penser de cette instruction de Richard Olney : « Jeter autant de framboises que vos mains jointes peuvent en contenir. » Franchement ! Sommes-nous censés écrire aux exécuteurs testamentaires de feu Mr Olney pour leur demander quelle était la taille de ses mains ? Et si des enfants, ou des géants de cirque, font la confiture ?

Prenons le problème de l'oignon. Je ne m'engagerai pas dans le débat passionnant sur la façon de les peler sans pleurer comme un veau. Je conseillerais seulement de ne pas mettre, comme je l'ai fait une fois, les lunettes fournies avec votre débroussailleuse. Le plastique se couvrira rapidement de buée, et ce sera un carnage sur la planche à découper. Non, les problèmes sont les suivants :

(1) Pour les auteurs de recettes, il n'existe que trois tailles d'oignons : « petit », « moyen » et « gros », tandis que les oignons dans votre panier varient de la taille d'une échalote à celle d'un palet

de curling. Aussi, une phrase comme : « Prendre deux oignons moyens » déclenche force tâtonnements dans le panier d'oignons pour trouver des bulbes correspondant à la description (évidemment, puisque moyen est un terme comparatif, vous devez considérer tout l'éventail des oignons en votre possession).

(2) Les verbes employés sont généralement « couper » et « hacher », lesquels ont toujours indiqué pour moi deux actions différentes : « couper » signifie trancher un demi-oignon, ce qui donne un amoncellement de demi-cercles ; tandis que « hacher » implique des incisions préliminaires dans le sens de la longueur, depuis l'extrémité jusqu'à la racine du demi-oignon, ce qui donne un tas de petits morceaux. « Couper » peut être accompagné de « finement », « hacher » de « finement » et de « grossièrement ». Ce qui fait cinq méthodes en tout, avant d'opter pour un couteau. Bien sûr, si l'on retourne la question et que l'on se demande avec bon sens : « M'a-t-on déjà servi, ou ai-je déjà servi un plat dans lequel les oignons auraient pu ou auraient dû être coupés différemment ? », la réponse est évidemment non. L'obsessionnel, cependant, ne conclura pas que le démembrement des oignons est une activité à la portée de tous, mais que jusqu'à présent, si tout s'est bien passé,

c'est seulement parce que tout le monde s'est appliqué à suivre avec soin les instructions.

Tout ceci explique pourquoi je ne tiens pas compte du temps de préparation approximatif que certaines recettes fournissent obligeamment. Même s'il est calculé au plus large sur la base d'un multiple du temps que mettrait un cuisinier professionnel, il est toujours trop optimiste. Les auteurs de livres de cuisine oublient, me semble-t-il, de prendre en compte l'hésitation du lecteur qui, tenant d'une main tremblante une cuillère à soupe, se demande si son contenu désigne plutôt une « cuillère bombée » ou une « cuillère pleine » ; ou épilogue sur le mot « surplus » dans une phrase comme « retirer le surplus de gras ». Je me suis récemment trouvé à considérer avec attention la phrase : « Faire tremper les haricots toute une nuit ou pendant que vous travaillez », et à me demander sérieusement s'il n'était pas sous-entendu que l'une des options fût meilleure que l'autre : l'auteur insinuait-il que, dans le calme de la nuit, les légumes secs gonflent mieux qu'exposés au bruit et à la lumière du jour ?

Théoriques et générateurs de culpabilité, les temps de préparation sont bien plus utiles en tant qu'indicateurs de pause : ils signalent quand on peut s'arrêter de cuisiner, fourrer le tout dans le frigo et s'accorder un moment de répit. Si l'expérience a prouvé que de nombreux plats supportent d'être réchauffés, c'est un préjugé difficile à ébranler. Dans son livre, *Classic Italian Cookbook* [La cuisine italienne classique], Marcella Hazan est, selon moi, la première à avoir prononcé les paroles libératrices : « Vous pouvez préparer ce plat jusqu'à l'étape 6 plusieurs heures avant. » Et encore mieux : « On peut cuire le plat plusieurs jours avant. »

Ce dont on a besoin de se libérer, plus largement, c'est ce qu'on pourrait appeler l'illusion du restaurant. On dîne en ville, on mange trois plats plus ou moins servis à mesure que l'estomac les réclame, et le petit jeu qui se trame là invite à conclure que tout a été fait sur place, spécialement pour soi, et dans le laps de temps qui s'est écoulé depuis que la commande a été passée : une portion de haricots mise à bouillir, quelques pommes de terre glissées dans le four pour qu'elles y rôtissent, une petite béarnaise montée au fouet, etc. Idem pour tous les clients du restaurant. On sait que c'est totalement absurde, pourtant, une partie de soi continue d'y croire et, lorsqu'on cuisine pour la première fois à l'occasion d'un dîner, l'effet est néfaste. On se figure que tout doit être fait en une seule envolée culinaire, culminant quelques secondes avant de servir le plat. Même si c'était possible (ce qui n'est pas le cas), on oublie qu'outre le chef, on doit aussi être le serveur, le maître d'hôtel, le préposé au vestiaire et l'hôte pétillant.

Les boutiques d'ustensiles de cuisine vendent des tas de gadgets utiles et d'appareils qui font gagner du temps. L'un des plus précieux et des plus libérateurs serait un panneau que le cuisinier domestique pourrait placer pour accrocher le regard dans les moments de tension : VOUS N'ÊTES PAS AU RESTAURANT.

Le livre de cuisine

Combien de livres de cuisine possédez-vous ?

(a) Pas assez

(b) Le bon nombre

(c) Trop

Si vous répondez (b), vous êtes disqualifié pour mensonge, suffisance, manque d'intérêt envers la cuisine ou (le plus effrayant) pour avoir tout réussi à la perfection. Vous marquez des points si vous répondez (a) et aussi (c), mais pour obtenir le maximum de points, vous devez répondre (a) *et* (c) dans la même proportion. (a) Parce qu'il y a toujours quelque chose de nouveau à apprendre ou quelqu'un pour rendre tout plus intelligible, plus facile, plus infaillible, plus authentique. (c) À cause des erreurs commises régulièrement lorsqu'on applique (a).

L'étagère la plus facilement accessible de ma cuisine contient vingt-quatre livres ; les deux étagères du haut, trente-quatre ; l'étagère dans la niche où se trouve la machine à laver contient une réserve de vingt livres disponibles sur-le-champ ; il y en a six dans les toilettes et disons dix à quinze autres éparpillés un peu partout dans la maison. Bref, une petite centaine. Ce chiffre est-il

(a) Modeste

(b) Juste

(c) Délirant

Comme précédemment, la réponse exacte est (a) et (c). De temps en temps, dans une tentative pour passer de (c) à (b), un massacre a lieu, et la trace de diverses ambitions culinaires insatisfaites (dont une partie, étonnamment importante, se rapporte aux sautés) se retrouve à Oxfam [1].

Un autre massacre pourra viser, par exemple, un livre sur les jus de fruits, que j'ai acheté il y a quelques mois. Je suis sûr qu'il n'y a rien à redire à cet ouvrage. Le seul problème, c'est que nous n'avons pas de centrifugeuse électrique. Pourtant, j'ai bien essayé d'en acquérir une. Ayant lu un jour dans un journal une étude comparative sur ce genre de machine, j'ai envoyé un chèque à quelqu'un qui se révélera être un commerçant

1. Abréviation de Oxford Committee For Famine Relief, œuvre de secours contre la faim. *(N.d.T.)*

véreux. Pourquoi avoir cru qu'une entreprise de nature apparemment écologique devait obligatoirement être honnête ? (J'avais commis une erreur en envoyant un chèque, m'expliqua la médiatrice du journal : en payant avec ma carte de crédit, je n'aurais pas été perdant. Elle me raconta également, au passage, que j'aurais pu acheter une centrifugeuse tout aussi valable pour la moitié du prix – ce qui ne m'a pas remonté le moral non plus.)

Bref : un livre sur les jus de fruits mais pas de centrifugeuse. La logique veut qu'on aille dans un Oxfam. D'un autre côté, c'est peut-être le moment d'acheter *la* centrifugeuse ; et le livre est très bien fait, avec une reliure plastifiée couleur agrume qu'on peut nettoyer à l'éponge si on l'éclabousse. Cela dit, j'imagine qu'on éclaboussera plus probablement les pages intérieures, lesquelles ne sont pas plastifiées –, comme ce journal parisien de 1900 imprimé sur du papier résistant à l'eau afin que les langoureux *boulevardiers** puissent le lire aux bains. Bon d'accord, gardez le livre, du moins jusqu'au prochain massacre.

Si vous venez d'entrer dans cette spirale vertigineuse et cherchez à acquérir des livres de cuisine, laissez-moi vous donner quelques conseils, qui vous feront tous gagner de l'argent.

(1) N'achetez jamais un livre pour ses photos. Et ne pointez jamais du doigt une image dans un livre de cuisine en déclarant : « Je vais faire ça. » C'est impossible. Je connaissais autrefois un photographe de pub spécialisé dans les photos de cuisine. Eh bien, croyez-moi, tout le travail de post-production qui nous a récemment donné une Kate Winslet à la silhouette de sylphide n'est rien, comparé à ce qu'ils osent faire avec la présentation d'un plat.

(2) N'achetez jamais de livre avec une mise en pages astucieuse : par exemple, lorsque chaque page est coupée en trois dans le sens de la largeur, de façon à pouvoir, théoriquement, consulter une quasi-infinité de repas à trois plats sans avoir à tourner toutes les pages ni à revenir en arrière.

(3) Évitez les livres qui couvrent un domaine trop vaste – tout ce qui, de près ou de loin, s'intitule *Les grands plats du monde* – ou au contraire trop restreint : *Les fruits de mer de Saragosse* ou *Beignets merveilleux.*

(4) N'achetez jamais le livre de recettes des chefs exposé intentionnellement à la sortie des restaurants. N'oubliez pas qu'au départ, vous êtes venu dîner ici pour une seule et unique raison : goûter leur cuisine et non pas la version insipide que vous pourriez en donner.

(5) N'achetez jamais de livre sur les jus de fruits si vous n'avez pas de centrifugeuse.

(6) Résistez autant que possible aux séduisantes anthologies de recettes régionales, que vous êtes tenté d'acheter en souvenir de vos vacances. Pour preuve, le *nec plus ultra* des livres de cuisine, un ouvrage consacré à la cuisine du Cantal, qui occupa indûment mon espace pendant des années, échappant constamment au massacre pour des raisons sentimentales. Je ne m'en suis jamais servi. La cuisine du Cantal est plus savoureuse dans le Cantal, où il pleut beaucoup et où l'on ne peut guère manger autre chose. Combien de recettes de chou farci vous faut-il ?

(7) Évitez les livres des célèbres recettes du passé, en particulier si ce sont des éditions en fac-similé avec des gravures sur bois d'époque.

(8) Ne remplacez jamais le vieil exemplaire tout écorné d'un de vos livres préférés par une nouvelle version reproduisant exactement le même texte, même si elle est enrichie de photos (*voir 1*). Vous ne vous en servirez jamais et retournerez à l'original en poche tout abîmé parce qu'il contient vos notes dans la marge et que vous avez raison de vous sentir à l'aise avec lui.

(9) N'achetez jamais une série de recettes réunies pour une œuvre de charité, surtout si des

présentateurs télé y révèlent le secret de leur plat préféré. Contentez-vous de donner à ladite œuvre la somme figurant en couverture : celle-ci touchera plus, et vous éviterez un massacre.

(10) N'oubliez jamais que les auteurs de livres de cuisine ne diffèrent en rien des autres écrivains : souvent, ils ne sont capables d'en produire qu'un (et certains n'auraient d'ailleurs jamais dû le livrer au public). Pensez-y quand vous lirez un article sur le dernier qu'ils viennent de publier.

Les massacres réguliers – comme les achats bien ciblés – vous laisseront au bout du compte avec une bibliothèque culinaire adaptée à vos papilles gustatives, à votre niveau d'adresse, vos ambitions et votre porte-monnaie. Au fil des ans, la mienne a fini par se construire autour des ouvrages suivants : une encyclopédie, deux abrégés classiques, deux énormes cours de cuisine et environ vingt livres anglais, américains, italiens, français et irlandais. Les trois auteurs dont je m'inspire le plus souvent sont Elizabeth David, la doyenne, qui a fait entrer la France dans la cuisine anglaise, sa disciple, Jane Grigson, et l'Italienne Marcella Hazan.

Je m'en sers régulièrement; à proximité, se trouvent plusieurs dizaines d'ouvrages que j'ouvre occasionnellement. J'en possède d'autres que je consulte, eux, uniquement pour une seule recette :

un pour sa recette de Soufflé au haddock, un autre pour son pudding d'automne (version nettement supérieure au pudding d'été, avec des baies de sureau, des mûres et des pommes sauvages). Pourquoi ne pas essayer les autres recettes, dans la mesure où celles-ci sont si fiables ? Je ne sais pas. Dans ce cas, pourquoi ne pas photocopier la seule recette dont on se sert, la coller dans son propre cahier de recettes et apporter l'original dans un Oxfam ? Peut-être à cause d'une éternelle loyauté à la page même sur laquelle on a lu pour la première fois cette recette.

Ah oui, votre propre cahier de recettes. Pour cela, il vous faut une sorte d'album ou un système de fichiers où ranger toutes les coupures de journaux ou de magazines. Au fil du temps, pareil recueil témoignera de l'étrange trajectoire que prendra votre façon de cuisiner. Il éveillera également des souvenirs en vous, à la manière des albums de photos : je faisais ça avant ? Cette terrine de légumes franchement bourrative, aussi ? Et cette espèce de croustillant qui me mettait tellement en colère ? Est-ce que je n'ai pas préparé ça le soir où… ? Vous serez surpris par la trace émotionnelle et psychologique que l'on conserve après avoir innocemment collé une coupure de presse légèrement tachée.

Et maintenant, je crois que je vais aller m'acheter une centrifugeuse électrique. Comme ça, je ne serai pas obligé de jeter mon livre de jus de fruits au prochain massacre.

Maestro en dix minutes

Un jour d'été, dans le Kent, en fin de matinée, il y a très longtemps. La chaleur augmente, le fils de la maison travaille son service au tennis avec des fruits que le vent a fait tomber tandis que sa mère, une femme stylée à l'humour caustique, est tranquillement assise en train d'écosser des petits pois. Les invités arrivent pour déjeuner. Sereine, elle continue à faire tinter les pois dans une passoire, ce qui ne manque pas de m'impressionner (déjà, à une époque pré-culinaire, j'étais sensible au stress de la cuisine). L'apéritif est servi, et sans se presser, elle se lève et rentre dans la maison. Elle nous invite à passer à table où je mange un nombre incroyable de petits pois, servis dans un énorme saladier. Plus tard, alors que je donne un coup de main au rangement de la cuisine, j'aperçois plusieurs paquets de surgelés, à peine dissimulés. Je le fais observer à mon hôtesse qui, sans sourciller, me répond en souriant : « Les invités ne font jamais la différence. »

C'était là ma première rencontre avec l'éternelle quête de l'homme pour combiner les vertus de la cuisine lente et de la cuisine rapide. Je ne le savais pas, mais le plus célèbre essai sur la question avait déjà été publié – et par un Français (enfin, moitié polonais-moitié français). *La Cuisine en dix minutes ou l'Adaptation au rythme moderne* par Edouard de Pomiane sortit en Angleterre en 1948. Si mon hôtesse l'avait lu, elle aurait gagné encore plus de temps :

> PETITS POIS : *Acheter des petits pois en conserve. Compter une boîte de 250 g pour deux ou trois personnes. Ôter le couvercle. Verser les petits pois dans un bol. Vider le liquide. Il y en a toujours trop.*

Suivent trois recettes spécifiques, qui entrent parfaitement dans la catégorie « dix minutes ».

J'ai entendu pour la première fois le nom de Pomiane lorsqu'un ami me passa, il y a quelques années, sa recette de la Soupe à la tomate express : couper les tomates en deux, faire cuire à four chaud, mixer. Quelque élément capital avait dû se perdre au cours de la transmission, car lorsque j'essayai, toute une plaque de tomates ne donna (au bout de six fois dix minutes en gros) qu'un petit bol rempli d'un résidu de pépins rouges, idéal pour être tartiné sur des toasts. Je suis récemment tombé sur un exemplaire d'occasion de *La Cuisine en dix minutes*, une belle édition avec des gravures sur bois d'après Toulouse-Lautrec. J'ai vérifié la recette de la Soupe à la tomate express. Ce n'était pas du tout ce que l'on m'avait dit :

> *Faire bouillir 40 cl d'eau dans une casserole avec une bonne cuillère à soupe d'extrait de tomate. Ajouter deux cuillères à café de semoule fine tout en mélangeant. Saler. Faire bouillir pendant 6 minutes. Ajouter 60 g de crème épaisse. Servir.*

Voilà ce qui reste de la tradition orale. Bref, j'ai essayé cette version officielle, et j'ai obtenu un bol d'une magnifique bouillie de semoule rose avec des morceaux compacts au fond. On aurait dit de la pâte à papier vaguement nourrissante. Plus je parcourais les trois cents recettes destinées « à l'étudiant, à la midinette, à l'employé, à l'artiste, au paresseux, au poète, à l'homme d'action, au rêveur et au scientifique », plus le livre m'apparaissait

comme une série d'aromatiques fadaises. À la fin de la recette de la Salade de tomates, on peut lire : « Dans le sud de la France, on ajoute toujours une gousse d'ail finement haché. Sous les climats tempérés, cela n'est cependant pas recommandé. » Pas recommandé ? Les temps ont changé : c'est fini l'époque où, dans le Nord, on ne mangeait que du porridge et des choux de Bruxelles. Puis, il y avait la joyeuse dédicace en français de Monsieur de P. : « Je dédie ce livre à Mme X et lui demande dix minutes de sa douce attention. » Allô, allô, *sacrebleu, zut alors**, etc.

C'est à ce moment-là que je lus deux essais d'Elizabeth David traitant du maestro en dix minutes. J'appris ainsi que Pomiane (1875-1964) était professeur d'hygiène alimentaire et diététicien, et enseigna à l'Institut Pasteur pendant un demi-siècle; contradicteur et *provocateur**, il trouva dans la grande cuisine classique française beaucoup de choses théoriquement et réellement indigestes. E.D. – comme ses disciples l'appellent – est formelle : plusieurs plats rendus célèbres par les chefs français de la nouvelle vague dans les années 60 et 70 – comme la *confiture d'oignons** de Michel Guérard – furent en fait proposés pour la première fois par Pomiane.

David cite également deux de ses recettes qui prennent plus de dix minutes. Les tomates étant plus au moins à l'ordre du jour, je fus attiré par les Tomates à la crème, que Pomiane apprit de sa mère polonaise, et qui, d'après E.D. « ont tellement peu le goût de tomates cuites que n'importe quel restaurateur les inscrivant à son menu les retrouverait, selon toute probabilité, sous la rubrique "spécialités régionales" des guides touristiques ». Prendre six tomates. Les couper en deux. Dans une poêle à frire, faire fondre un morceau de beurre. Poser les tomates sur la face plane. Laisser cuire cinq minutes. Avec la pointe d'un couteau, perforer la chair des tomates, puis les retourner (pour permettre au jus de s'écouler). Laisser cuire dix minutes. Retourner de nouveau. Puis encore une fois. Ajouter 80 g de crème épaisse. Mélanger. Laisser bouillir. Servir.

Je me méfiai de cette recette qui ne précisait ni la quantité de beurre ni la puissance de la flamme du gaz. Par ailleurs, comme ceci se passait à la mi-février, les plus belles tomates existant sur le marché étaient orange pâle, gelées et guère juteuses. Je respectai frénétiquement les approximations de Pomiane, tout en rajoutant un peu de sel, de poivre et de sucre dans l'espoir ne pas dénaturer la cuisine… Le résultat fut étonnamment bon – cette méthode avait réussi à extraire la richesse de six fruits dont l'essence semblait s'être égarée depuis longtemps.

Je me connectai aussitôt à www.abebooks.com et commandai un exemplaire de *Cooking with Pomiane* [La cuisine avec Pomiane]. On comprend immédiatement ce qui a séduit Elizabeth David : tous deux privilégient la même sorte de cuisine française (régionale, bourgeoise, attachée à aucune doctrine) et formulent leurs recettes avec une logique et une concision identiques. La seule différence réside dans le ton, point crucial pour l'obsessionnel. E.D. est – pour employer un euphémisme – légèrement rigide. Voici (tiré d'une recette de Champignons à la crème) le maximum de familiarité qu'on peut trouver dans son écriture : « Mes sœurs et moi avions une gouvernante qui faisait cuire ce plat dans la cheminée de la nursery, avec des champignons ramassés le matin. » Et voici Pomiane (Pommes de terre nouvelles à l'estragon) : « Je me figurais être botaniste, mais mes illusions se dissipèrent un jour où je demandai à une charmante jeune vendeuse des graines de persil, de cerfeuil et d'estragon. "L'estragon ne donne pas de graine fertile, me répliqua-t-elle. Si vous voulez une plante, en voici une. Dans trois ans, elle sera morte. Revenez alors me voir." »

Pomiane propose une recette de Tête de veau frite et ajoute, comme s'il devinait les réserves du lecteur : « Essayez, c'est vraiment bon. » Il conseille également de réserver les soufflés à la pomme de terre aux amis proches seulement, car il est fort probable « soit de gâcher les pommes de terre, soit de passer la soirée à s'excuser auprès des invités pour être resté tout le temps dans la cuisine ». C'est du David pur, mais au visage humain et au sourire complice. Pomiane m'était sympathique, mais j'en vins surtout à le considérer comme mon allié, quand je lus sa recette du *Bœuf à la ficelle** (culotte de bœuf attachée avec de la ficelle et plongée dans de l'eau bouillante). À la fin, voici ce qu'il dit : « Sortez la viande de la cocotte et ôtez la ficelle. La viande a un aspect grisâtre et ne semble pas très appétissante. Vous éprouverez peut-être un certain découragement, proche de la déprime. » N'est-ce pas, pour l'obsessionnel, le commentaire le plus réconfortant, la plus gentille attention de la part d'un cuisinier ? Qui sait si, en plus du temps de cuisson et du nombre de personnes, les recettes ne devraient pas donner aussi une estimation du Risque de Dépression. Qui irait de un à cinq pendus.

Pomiane mérite qu'on s'intéresse à lui, car sa cuisine de brasserie et de bistrot est de plus en plus difficile à trouver en France, aujourd'hui. Après avoir préparé le même *gratin dauphinois** pendant des années, je me convertis du jour au lendemain à sa version : plus baveux, plus crémeux, avec à la surface une éruption de bulles couleur de Sienne, il me ramenait loin en arrière et m'entraînait ailleurs. Elizabeth David qualifia l'une de ses recettes – des toasts au fromage façon montagnarde – de « prose culinaire touchant à l'excellence », par quoi elle entend une démarche « courageuse, courtoise, adulte ». Elle poursuit de la sorte : « C'est créatif... parce que le lecteur est invité à se servir de ses propres facultés critiques, à se montrer inventif et audacieux, à se forger son opinion personnelle, à observer les choses par lui-même, au lieu d'obéir servilement aux livres. » Peut-être, mais à mon avis, c'est trop optimiste. En tout cas, la première fois que je fis du *Bœuf à la ficelle**, j'obéis servilement à Edouard de Pomiane, et m'en trouvai fort peu déprimé.

Non, je refuse de faire ça

Nous sommes dans la cuisine d'une maison bourgeoise, fin 1995 ou début 1996. C'est l'heure du dîner. Les convives entrent d'un pas tranquille et attendent d'être placés autour d'une longue table frottée à la brosse. Sur un buffet, trône une assiette sur laquelle repose quelque chose de rond, marron, patouilleux et franchement pas appétissant – une espèce de bouse de vache, en fait.

INVITÉ COMPATISSANT : Ce gâteau au chocolat, c'est un Némésis ?

MAÎTRESSE DE MAISON : Oui.

INVITÉ COMPATISSANT : Il est raté ?

MAÎTRESSE DE MAISON : Oui.

INVITÉ COMPATISSANT : On les rate toujours.

MAÎTRESSE DE MAISON : J'ai fait deux autres gâteaux.

Les éléments clés de cette scène sont les suivants :

(1) La compassion instinctive et sincère de la part de l'invité, qui s'est trouvé dans la position de la maîtresse de maison il n'y a pas si longtemps.

(2) Un gâteau exposé au grand jour, même raté, histoire de prouver qu'on a essayé.

(3) Deux autres gâteaux préparés en renfort pour compenser cet échec qui se paye cher.

Les Grecs disent que la démesure (Hubris) est suivie de près par la catastrophe (Nemesis), mais jamais auparavant la théorie ne s'était exprimée de façon aussi littérale. Une fierté démesurée en ses capacités à faire la cuisine s'était soldée par une catastrophe chocolatée. Le gâteau – au cas où il serait utile de le rappeler – était le plat vedette du River Cafe[1]. Les convives connaissaient ce dessert des plus décadents (750 g de chocolat, 10 œufs entiers, 500 g de beurre, 250 g de sucre) et un beau jour, ils décidèrent d'essayer à leur tour.

Nous autres, Némétiques, ne comprîmes jamais

1. Ce restaurant à la mode situé dans l'ouest de Londres était au départ la cantine de l'architecte Richard Rogers (co-architecte du centre Georges-Pompidou). *(N.d.T.)*

cet échec. D'après les paranoïaques, un élément clé de la recette avait été délibérément omis afin que les invités reviennent pour déguster l'original. Autre explication plausible : les fours professionnels et les fours domestiques ne sont pas les mêmes, certains plats exagèrent cette différence, et le Némésis exagère ces exagérations. Cependant, l'échec était en général si spectaculaire que peu s'en relevèrent et s'y attelèrent à nouveau.

Telle est la première leçon : certains plats sont toujours meilleurs au restaurant, même s'ils paraissent formidablement alléchants dans le livre. L'expérience me l'a souvent prouvé avec les desserts. La tarte aux pommes parfaite, à la pâte aussi fine qu'un parchemin mais croustillante, et au nappage lustré ? Laissez tomber. Idem pour tout ce qui relève du principe d'inversion de la Tatin. Oh, et le fantastique gâteau au yaourt du restaurant Moro, dans le nord de Londres. Quand j'essayai, une seule fois fois, de le confectionner en suivant la recette du livre, j'obtins un résultat délicieux, mais dont l'apparence évoquait hélas quelque substance régurgitée. Aussi, ai-je tendance à lire les recettes de desserts, et à ressortir la sorbetière en soupirant.

Lorsque le premier *Recettes du River Cafe* sortit – celui avec la couverture bleue –, on en parla avec un mélange d'éloges et de raillerie. D'aucuns s'insurgeaient contre ce modèle d'une vie si parfaitement organisée, d'autres jugeaient décourageant de se voir imposer « cette huile d'olive-ci » et « ces lentilles-là ». Comme le poète James Fenton l'expliqua dans *The Independant* : « Depuis des semaines, j'ouvre le livre et le repose aussitôt. Je ne peux pas dire que je m'en suis servi pour cuisiner. Pire, je me demande s'il m'est possible de m'élever à de si exigeants critères. »

Le *River Cafe bleu* fut suivi par le *River Cafe jaune* puis *vert*. J'utilise le *bleu* et le *vert* constamment, quoique essentiellement pour les pâtes, les risottos et les légumes. Les recettes sont claires et réalisables en grande partie par l'obsessionnel, les résultats immanquablement délicieux. Et j'en ai tiré plus de leçons que dans la plupart des livres de cuisine.

Leçon Deux : la relation entre le cuisinier professionnel et le cuisinier domestique s'apparente à une rencontre sexuelle. L'un des deux protagonistes est normalement plus expérimenté que l'autre, et les deux devraient avoir le droit de dire, à n'importe quel moment : « Non, je refuse de faire ça. »

Le professionnel – Elizabeth David, par exemple – refuse de tenir la main du lecteur ou de le flatter bassement. Alors que pour le lecteur, le refus vient plutôt des tripes (où d'autre). Imaginons… Vous achetez un poulet ; vous rentrez chez vous et, après avoir fait courir votre main le long de l'étagère où se trouvent vos livres de recettes, vous décidez qu'aujourd'hui, ce sera le *River Cafe bleu.* Première recette : Pollo alla griglia. Ça a l'air parfait : Poulet mariné grillé. Vous lisez soigneusement la recette et vous découvrez que plus de la moitié explique comment désosser la volaille. Vous pensez alors : Non, je refuse de faire ça. On m'aurait dit de retirer la chair du poulet, j'aurais peut-être essayé. Mais un, je ne fais pas confiance à ma dextérité. Deux, ça m'étonnerait que je trouve dans le tiroir de la cuisine un outil qu'on pourrait appeler « couteau à désosser ». Et trois, je n'ai qu'un malheureux poulet, et je n'ai pas envie de me retrouver dans une heure face à un pauvre volatile victime de l'attaque d'un renard. Bref, c'est décidé : vous tournez la page et regardez les autres recettes de poulet que propose le *River Cafe bleu.* Il y en a deux. Et pour les deux, on vous dit de commencer par désosser la fichue bête.

Leçon Deux, Deuxième Partie. Ce n'est pas seulement une question de difficulté, mais aussi de temps. Dans le *River Cafe vert,* il y a une recette géniale de Penne à la tomate et à la noix de muscade (ainsi qu'au basilic, à l'ail et au pecorino) que je fais souvent ; la noix de muscade est l'ingrédient surprise clé. Mais je dus d'abord venir à bout de la première phrase de la recette : « 2,5 kg de tomates cerise en grappes, coupées et épépinées. » Et combien faut-il de ces petites garces pour faire 2,5 kg à votre avis ? Je vais vous le dire : il en faut 300, c'est-à-dire, une fois coupées en deux, 600 morceaux baignant dans leur jus, des pépins à ôter 600 fois à la pointe du couteau, avec l'inquiétude d'en oublier. Tous ensemble maintenant : NON, NOUS REFUSONS DE FAIRE ÇA. Laissez les pépins et considérez qu'il s'agit d'un apport élevé de fibres alimentaires.

Ces leçons peuvent paraître négatives, pourtant elles ont autant de valeur que les leçons positives. Vous découvrez – et c'est douloureux, voire humiliant – que vous n'êtes pas prêt à fournir un tel effort parce que vous n'êtes pas un cuisinier professionnel. Il n'y a pas dans votre cellier une bande de marmitons qui n'aspirent qu'à épépiner de minuscules tomates et à être payés à la tâche. Vous êtes seul, chez vous, stressé par le temps, et vous aimeriez bien que votre dîner ne soit pas un fiasco.

De toute façon, que veulent les auteurs de livres de cuisine ? Une obéissance muette ? Quelle sorte de relation cela impliquerait-il ? Vous n'êtes pas un deuxième classe à la corvée de patates, après tout, et on ne peut vous accuser d'insolence, de bêtise ou que sais-je d'autre. N'oubliez pas qui a déboursé pour ces livres. La seule façon de gagner leur respect, c'est de se rebeller. Alors, allez-y : c'est bon pour vous. Et c'est probablement bon pour eux aussi.

L'autre soir, je me suis retrouvé assis à cette même longue table frottée à la brosse. Une fois le fromage desservi, on apporta le dessert comme si de rien n'était et pourtant avec un orgueil non déguisé. Et oui, c'était un Némésis, parfaitement cuit et absolument délicieux. Cette fois, tiré du dernier ouvrage, *Recettes faciles du River Cafe*, où il s'appelle Petit Némésis Facile (un concept que ces vieux Grecs n'auraient pas compris). Si les ingrédients sont divisés par deux, la différence essentielle entre les recettes réside dans le temps de cuisson : les 30 minutes environ thermostat 3 sont passées à 50 minutes thermostat 1/2. Alors que je m'attardais sur le perron, je félicitai la cuisinière de ne pas avoir baissé les bras devant la défaite. Tout allait pour le mieux dans le meilleur des mondes possibles. Elle gloussa et me confia à voix basse : « Il faut quand même rajouter la moitié du temps indiqué. »

Le Panier à fleurs et la Mitre d'évêque

Lorsque j'étais enfant, mes parents meublaient notre maison de pièces achetées dans des ventes aux enchères du coin. Ainsi possédions-nous un antique poste de télévision de la taille d'une cabane d'enfants construite dans les arbres ; pour nettoyer ses doubles portes « style garde-robe », il fallait plus de la moitié d'un pot de cire. Sur le dessus de cet immense appareil trônait une bible familiale, dénichée également dans une vente aux enchères. Je demandai un jour pourquoi nous l'exposions ainsi, étant donné qu'aucun de nous n'allait à l'église. Ma mère me fit comprendre que des gens dans notre situation se devaient d'avoir ce genre de choses. Au dos de la couverture, on pouvait lire l'arbre généalogique des anciens propriétaires, vraisemblablement éteints ou ayant perdu la foi. Comme c'était étrange, pensais-je, d'être en possession de la bible familiale d'une autre famille.

Dans la cuisine se trouvait une bible d'une autre sorte, signe aussi de l'appartenance à une classe sociale et acquise elle aussi d'occasion, dans une vente aux enchères : *Mrs Beeton's Book of Household Management* [Encyclopédie familiale de Mrs Beeton], dans son édition de 1915, chez Ward Lock. Un véritable pavé : 10 cm d'épaisseur et 1 997 pages. Ma mère lui témoignait son respect le plus vif, protégeant la couverture art nouveau de l'ouvrage avec du plastique transparent. À l'époque, je ne m'intéressais guère au texte, mais les nombreuses gravures monochromes et en couleurs me fascinaient. Il y avait, par exemple, dix-sept pages sur l'art de plier les serviettes : en forme de Cygne et de Chapeau de fête, de Bateau, de Panier de fleurs et de Mitre d'évêque. Chaque pliage nécessitait une serviette taillée dans une vaste toile du lin le plus fin, fraîchement blanchi et légèrement amidonné. Impossible à réaliser, évidemment, avec le coton avachi, couvert de taches, que je roulais tous les jours dans mon rond de serviette en bakélite.

Ça, c'était seulement les serviettes. Le reste du livre détaillait bien d'autres usages étranges dans l'univers du luxe. Est-ce que des gens avaient vraiment vécu comme ça ? s'interrogeait mon esprit banlieusard. Existait-il un endroit où l'on vivait encore ainsi ? Avec des maisons comprenant un office ; où des sybarites empilaient des monticules de fruits veloutés sur des plats décoratifs en porcelaine, et servaient des cailles farcies en forme de couronne de Ruritanie. Y avait-il vraiment, de par le monde, autant de soupes que le laissait entendre le nombre d'assiettes en couleurs ? Et cette rangée de bouteilles d'alcool : vingt-huit entassées sur une seule photo, avec le château-lafite à côté d'une « imitation » australienne d'un bourgogne. Enfin, était-il possible que quelqu'un possédât ce que représentait l'« Illustration I : La Cuisine » ? Composition : un imposant vaisselier, d'immenses tables, l'horloge d'une gare, et debout dans le coin, les mains derrière le dos, une cuisinière grassouillette et soumise qu'il était impossible d'ignorer. Où trouver les éléments de ce tableau dans notre vie ?

La question ne se posait pas vraiment. On ne se servait de *Mrs Beeton* qu'occasionnellement, en dernier recours, comme le dictionnaire. « Regardons dans *Mrs Beeton* », disait ma mère, bien qu'elle fût plus encline à consulter les pages « vie familiale » et médicales (« Baume pour engelures non crevassées ») que les recettes. Compter

Mrs Beeton dans sa bibliothèque, c'était comme avoir une lithographie en couleurs de la reine Victoria au mur, ou posséder une chope à l'effigie de Florence Nightingale. Un objet à la fois rassurant et vaguement patriotique. La reine et l'infirmière, cependant, vécurent l'une et l'autre jusqu'à un grand âge, puisqu'elles entrèrent toutes deux dans le XXe siècle. Isabelle Beeton, née en 1836, mourut à vingt-huit ans seulement, après avoir accouché de quatre enfants et d'un livre de cuisine. Dans *A Duet, with an Occasional Chorus*, étude sur la vie conjugale, Conan Doyle fait dire à son héroïne : « Mrs Beeton fut sans doute la meilleure ménagère du monde. Par conséquent, Mr Beeton a sans doute connu un parfait bonheur et un bien-être total. » Hélas, pas très longtemps.

The Book of Household Management continua de grossir au point d'atteindre une taille monumentale : mon édition de 1915 est deux fois plus volumineuse que celle de 1861. Après sa mort, Mrs Beeton devint une construction mentale, une marque. Une déesse aussi, en tant qu'elle défie la mortalité. Comme Elizabeth David le fit remarquer, les premières réimpressions comportaient une notice nécrologique proposée par Mr Beeton. Mais Ward Lock, qui racheta les droits au veuf affligé, supprima ce texte par la suite, laissant aux lecteurs le soin d'imaginer – peut-être même jusqu'en 1915 – qu'une matriarche coiffée d'un bonnet attaché sous le menton veillait toujours sur eux.

Lorsque j'héritai enfin de notre bible de cuisine familiale, je trouvai dans ses pages une brochure ayant appartenu à ma grand-mère : l'« Introduction à la fabrication de chaussettes », publiée par l'Institut des femmes. Je me replongeai dans le texte, qui me parut tout aussi étrange : y figuraient une recette de Roi des cailles rôti, une autre de Coq de bruyère en conserve (ouvrir la boîte, sortir la volaille, la faire rôtir). Comment, enfant, n'avais-je pas remarqué les « Plats typiques d'Australie : wallabys rôtis » (ingrédients : 1 wallaby, farce à base de veau n° 396, lait, beurre). Ou comment, adolescent lascif, avais-je pu rater le passage coquin expliquant à quoi il fallait prêter attention quand on examinait la poitrine d'une nourrice potentielle ?

Les experts de la cuisine tendent à préférer Eliza Acton (1799-1859), dont Mrs Beeton a transcrit nombre de recettes. Les éditeurs du *Dictionary of National Biography* aussi, puisque Acton, qui était également poétesse, figure dans le tout premier volume de 1885. Beeton dut attendre 1993 et le tome où l'on s'excusait auprès des « Oubliés ». La réputation du *Mrs Beeton* par rapport à Mrs Beeton en a pris pour son grade aussi : un expert anglais en matière de cuisine écrit que la « dégradation progressive » de l'ouvrage au cours des nombreuses éditions corrigées et augmentées « peut expliquer – ou s'expliquer par – la relative stagnation et le manque de raffinement de la cuisine traditionnelle anglaise entre 1880 et 1930 ».

J'hésite à me servir de mon exemplaire pour faire la cuisine : les coquilles Saint-Jacques qui cuisent pendant soixante minutes, ou la sauce à la menthe préparée avec 25 cl de vinaigre pour quatre cuillères à café de menthe, ne flattent guère nos palais actuels. Mais Mrs Beeton et *Mrs Beeton* demeurent l'une et l'autre d'un conservatisme victorien classique, et ce dans le meilleur sens du terme : encyclopédique, rationnel, progressiste et humain (voir les pages sur la protection infantile). Loin d'être farouchement anglais, *Household Management* manifeste toutefois une méfiance toute culturelle par rapport à la cuisine et aux habitudes alimentaires françaises. Et loin d'inviter au luxe, l'ouvrage proposait en son temps de combiner vie agréable et économie. Le coût précis des ingrédients – au centime prêt – figure aux côtés des temps de cuisson et du nombre de convives pour chaque plat.

Indépendamment de tout autre chose, il nous rappelle la stabilité de l'argent – et présuppose sa future stabilité. Avec ses certitudes et ses prévisions, ses temps de cuisson et ses coûts, *Mrs Beeton* évoque les guides de voyage Baedeker : les cuisines sont à l'heure et le voyage facile, destination Dîner. Ainsi le livre contient-il d'interminables suggestions de menus à choix multiple : pour chaque mois de l'année, quatre propositions différentes sont données pour nourrir huit convives – donc quatre tarifs différents. En avril, le dîner le plus onéreux (Consommé de verdure, changement à Pigeon et Gigot d'agneau, terminus Crème Garibaldi et Olives farcies) vous coûtera 2 £, 2 shillings et 6 pence; le moins coûteux (Potage à l'orge perlé, changement à Truite et Filets de bœuf, terminus Gâteau Collège et Anchois roulés) revient à 1 £, 9 shillings et 5 pence. Notez les cinq pence : la somme n'est même pas arrondie à six pence. Quelle sublime assurance. Signalons néanmoins que ces prix de l'édition de 1915 reflétaient un monde pétri de certitudes, rationnel et optimiste, avec ses domestiques attentionnés et ses fabuleuses serviettes, mais qui était déjà en train de disparaître.

La petite souris

« Ça ne ressemble pas à la photo », déclara l'obsessionnel en servant le dîner : Côtes de porc aux endives. On se souviendra qu'il était, ce jour-là, triste et humilié.

« Autant croire encore à la petite souris », répliqua Celle-pour-qui-l'obsessionnel-cuisine.

Rien à dire. Pourquoi, après des années de luttes héroïques pour arriver à un minimum de sagesse culinaire, échouons-nous si lamentablement à suivre nos propres conseils ? Il y a quelques pages à peine, je débattais en toute serviabilité du caractère trompeur des photos, et vous recommandais de ne jamais faire un plat inspiré par une photo alléchante. Il est peut-être même possible que je me sois emporté contre les stylistes et maquilleurs qui assistent les photographes afin que les plats apparaissent comme une délicieuse promesse.

Le présent exemple est tiré de *Real Cooking* [La cuisine authentique], de Nigel Slater, un des plus connus et des meilleurs auteurs de livres de recettes en Angleterre. « Côtes de porc aux endives » occupe une double page, avec trois photos d'introduction : deux en noir et blanc, montrant les premières étapes, et une en couleurs, à la gloire du magnifique produit final. Je vous promets que j'y ai à peine jeté un coup d'œil avant de me décider à faire ce plat. Je ne suis pas si bête que ça. Pas tout de suite, en tout cas.

Cette recette m'attirait, parce que :

(1) c'est un plat unique ;

(2) comme d'autres, semblable à Ulysse, je poursuis ma quête de viande de porc qui, après cuisson, ne rappellerait pas le carton compressé des gobelets dont on se sert pour uriner dans les hôpitaux ;

(3) il suffit de couper les endives en deux dans le sens de la longueur et de les rajouter crue aux côtes de porc.

Beaucoup de recettes conseillent encore de nos jours d'ébouillanter les endives pour ôter leur amertume. Cette purge, d'un usage ancien, les transforme immanquablement en une pâte grise détrempée ; non seulement, c'est inutile, mais aussi inefficace. D'après Richard Olney, faire bouillir les endives augmente leur amertume. Elizabeth David reconnaît au *grand** Edouard de Pomiane d'avoir le premier signalé : « la seule façon [à savoir la façon non traditionnelle] de réussir des endives belges braisées, c'est de les cuire sans eau et sans les blanchir, mais avec du beurre et à petit feu. »

Bref, on vous indique de prendre « une grande sauteuse » dotée d'un couvercle, de faire dorer les côtes de porc d'un côté dans un mélange de beurre et d'huile, d'ajouter des graines de fenouil, de retourner les côtes de porc et d'ajouter, « face plane », l'endive « charnue » coupée en deux. Face plane, évidemment, parce qu'on veut obtenir une jolie couleur caramel. Ma « grande sauteuse » a un diamètre de 25 cm ; c'est la plus grande des trois que je possède, et elle ressemble probablement – pure spéculation de ma part, je l'admets – aux sauteuses lambda des lecteurs lambda de Nigel Slater. Or, il y a déjà dans la sauteuse deux côtes de porc, et – comme le fait obligeamment remarquer Mr Slater, ce qui peut agacer certains en pareil moment de stress –, elles ont « la taille de votre main ». À force de rudesse, je parvins à insérer l'une des moitiés d'endives entre les deux côtes. Bien. C'est à ce moment-là que mon regard se posa sur la seconde illustration, juste au-dessus de la recette ; on y voyait deux mains – à tous les coups, les deux mains de la taille d'une côte de porc de Mr Slater en personne – actionnant un moulin à poivre au-dessus de ses deux côtes de porc parfaitement dorées. Il me sembla qu'il restait très peu de place autour de sa « grande sauteuse » pour faire entrer les endives, étant donné que j'avais acheté les plus énormes possibles. Une demi-endive charnue – ainsi se comporte l'obsessionnel en la matière – mesure 18,7 cm de long, 6,2 cm dans sa plus grande largeur et 3,7 cm à sa base. Quatre moitiés d'endives, déposées face plane dans une sauteuse, occuperont par conséquent une superficie de 387 cm^2. Ce qui fait une sacrée poêle.

Bref, quelqu'un mentait. Après un juron de cuisinier, je laissai en place la moitié d'endive maltraitée, en coinçai deux autres bord à bord contre les côtes de porc et rangeai la quatrième (celle que je venais de mesurer) au réfrigérateur. La première crise était passée. Versez ensuite un verre de vin blanc dans la sauteuse, baissez le feu et laissez mijoter pendant quinze minutes. Je redevins aussitôt paranoïaque. Quinze minutes ? Pomiane fait braiser ses endives pendant quarante minutes ; Richard Olney pendant une heure, « voire plus ». Pourtant, je continuai d'obéir aux ordres. Au bout d'un quart d'heure, les côtes de porc étaient cuites. Donc : sortez-les avec les endives, augmentez le feu, ajoutez une noix de beurre, mélangez rapidement « en grattant les morceaux qui attachent pour qu'ils s'incorporent au beurre fondu », puis « étalez cette sauce au beurre dorée et amère » sur les côtes de porc.

Je ne l'ai pas fait. Premièrement, les endives ne cédaient pas sous la pointe de mon couteau et étaient à peine colorées (contrairement à la photo). Deuxièmement, il n'y avait pas le moindre « morceau qui attache » au fond de la sauteuse. Et troisièmement, mon regard tomba sur la dernière photo, où l'on voyait une cuillerée à soupe d'une épaisse sauce marron foncée se déverser sur une côte de porc.

« Ils mentent encore ! » hurlai-je. (C'est un cri que l'on entend souvent dans la cuisine de l'obsessionnel, et Celle-pour-qui sait qu'elle doit le traiter comme une simple marque de ponctuation.)

Réfléchissons : vous commencez par deux cuillerées à soupe d'huile, plus du beurre ; vous versez un verre de vin ; à quoi s'ajoute la graisse des côtes de porc et le jus des endives. Qu'est-ce que vous obtenez au bout de quinze minutes, à petit feu et couvert ? Vous obtenez en gros un demi-litre d'un liquide qui ressemble à un pâle bouillon de veau. On ne vous dit pas de réduire la sauce, et pourtant, la troisième photo de Nigel révèle, après examen médico-légal, un épais résidu noir qui résulte de cette opération.

Je réservai les côtes de porc, laissai les endives dans la sauteuse et fis bouillir le tout à gros bouillons. C'est ainsi que ce plat « qui nécessite trente minutes de préparation » en prit quarante. De temps en temps, je grattais le fond impeccablement lisse de la sauteuse avec une spatule en bois, tout en marmonnant « Petits morceaux qui attachent, petits morceaux qui attachent » mi-ironique mi-féroce, quitte à passer pour totalement frappé. Au bout du compte, le plat fut apporté à table, où l'on tira les leçons suivantes :

(1) En général, le porc a encore le goût de carton compressé (Mr Slater n'y est pour rien).

(2) La sauce réduite de cette recette est délicieuse et les graines de fenouil, très utiles.

(3) Il s'agit ici de deux plats en un, d'une part à cause du manque de place, et aussi parce que l'endive doit cuire plus longtemps que le porc. (Cela dit, l'obsessionnel n'est pas entièrement convaincu par son propre argument, car la réussite de la sauce n'est-t-elle pas due au fait que tout a été cuit dans une seule marmite ? Il est possible de cuire les endives séparément pendant une demi-heure, puis de les ajouter avec leur jus aux côtes de porc au

moment de mettre celles-ci à dorer : vous obtiendrez un plat et demi.)

(4) Toutes les photos des livres de cuisine donnent de faux espoirs, même celles qui sont honnêtes. Ironie suprême. Dans l'introduction de *Real Cooking*, Nigel Slater fait remarquer que les photos de son livre ne sont pas truquées : « totalement naturelles, sans mise en scène préalable comme c'est le cas de toutes les photos de cuisine ». Il fait la cuisine, tout simplement, pendant que le photographe prend des photos, tout simplement. Réflexion faite, c'est pire, incroyablement pire. Ces photos ne sont pas trafiquées, et pourtant elles montrent un résultat glamour auquel le lecteur lambda ne parvient jamais.

(5) Les statistiques le prouvent : face à un livre qui présente certaines recettes illustrées et d'autres non, le cuisinier hésitant choisira systématiquement les recettes illustrées. S'imagine-t-on que la photo confère un statut plus élevé ? Ou cherche-t-on à savoir par avance à quoi ressemblera notre dîner ? Quoi qu'il en soit, c'est stupide. Si l'esprit n'a conçu aucune image préexistante, la réalité risquera moins de manquer son objectif.

Les bonnes choses

En Chine, il est de bon ton qu'à la fin du repas, la partie de la nappe située dans le voisinage immédiat de sa place évoque un sérieux dépotoir : grains de riz qui ont raté leur cible, gouttes de sauce de soja, brindilles de la soupe nid d'hirondelle, etc. Du moins c'est ce que me dit un jour un aimable guide chinois, qui cherchait peut-être tout simplement à excuser les longs nez et leur maladroite façon de tenir les baguettes.

Le même principe s'applique – sans l'ombre d'aucune ambiguïté – aux livres de cuisine. Plus les pages sont décorées de projections de fourneau, de traces d'épluchure, de tests de Rorschach comestibles, d'explosions stellaires d'huile, d'empreintes digitales à la betterave et de toutes sortes de taches incohérentes, plus vous les avez honorées. La preuve – et après déduction aussi –, mon livre de cuisine préféré : *Vegetable Book* [Le livre des légumes], de Jane Grigson. Certes, on peut trouver de joyeuses taches de cassis dans son *Fruit Book* [Le livre des fruits], quelques gouttes de citron et de vieilles arêtes de poisson dans son *Fish Cookery* [Le livre des poissons] ; mais le *Vegetable Book* témoigne d'un héroïque et long carnage culinaire. Il porte également un autre signe de popularité : la présence de coupures de presse en si grand nombre qu'il est plus épais à la tranche qu'au dos. Je les ai rangées là car chaque fois que les mots chou, betterave ou panais me viennent à l'esprit, mon bras se tend automatiquement pour attraper le Grigson, dépositaire d'autres recettes sur le même sujet.

À moins qu'un livre de cuisine ne soit qu'une collection de plagiats, la personnalité de l'auteur y transparaît inévitablement. C'est parfois une erreur – dans le cas d'une personnalité autoritaire, snob, veule, insignifiante. Malgré toute leur technique dans la compréhension des ingrédients, les auteurs ne soupçonnent pas ce qui se passe dans le for intérieur des êtres humains qui achètent leurs livres. Commentant la redoutable efficacité de Martha Stewart, Anthony Lane cite son conseil lorsque des amis viennent manger un morceau : « L'une des phases les plus importantes pour laquelle il faut fournir un effort supplémentaire est le début de soirée, souvent un moment délicat, quand les invités ne savent pas quoi faire et sont inquiets. » Ce à quoi Lane répond : « Les invités sont inquiets ? Et le cuisinier, alors ? »

Pareil culte de la personnalité n'existe pas chez Grigson : la présence de l'auteur imprègne plutôt son écriture telle une herbe aromatique, familière et réconfortante, qui parfume un ragoût. On la sent constamment, le ragoût n'aurait jamais pu se faire sans elle, et pourtant on n'est pas obligé de retirer des morceaux d'entre ses dents. Elle écrit en amie avisée, qui a confiance en nos talents de cuisinier. Elle s'appuie sur des références historiques, anecdotiques, personnelles le cas échéant – par exemple, sa grand-mère, d'après qui peler des concombres faisait péter –, mais surtout, elle se donne complètement à son sujet. Elle est érudite sans être caustique, généreuse sans être obséquieuse.

Certains auteurs présentent impudemment leurs recettes comme s'ils les avaient inventées dans les mois précédant la publication de leur ouvrage ; Grigson cite ses sources et vante les recettes des autres. Certains auteurs sont des contemporains pleins de suffisance, transpirant un sentiment de supériorité par rapport aux temps anciens où les connaissances et les ingrédients étaient moindres ; pour Grigson, le présent n'est pas le point culminant de la technologie et du bon sens, au sommet d'une courbe en perpétuelle hausse, mais un moment dans un processus ancien et continu. À bien des égards, nous sommes en effet moins distingués et moins heureux que les cuisiniers des générations précédentes. Les machines, l'accélération de la vie nous a rendus paresseux et impatients, le transport aérien et la congélation ont émoussé notre perception des saisons, tandis que la grande disponibilité des produits étrangers nous pousse à dédaigner les nôtres. Grigson mentionne en particulier le chou marin : pourquoi courons-nous après le *cavalo nero* quand le chou marin – que Thomas Jefferson cultivait et que Carême comparait au céleri et à l'asperge – a été oublié ?

L'érudition considérable de Grigson reste discrète. Voici ce qu'elle écrit sur le chou : « Facile à cultiver, source de verdure pendant une grande partie de l'année, c'est pourtant un légume entaché du péché originel, qu'il faut améliorer. Il peut sentir affreusement mauvais dans la marmite, empester la maison et gâcher un repas par sa chair flasque et gorgée d'eau. Il a aussi la vilaine réputation d'être bon pour la santé. Lisez Pline, si vous ne me croyez pas. » Nous la croyons, bien sûr, mais son style donne envie d'aller jeter un coup d'œil à Pline. En outre, son introduction sur le chou pré-

HERB
CHIVES

sente une anecdote sur Descartes. Une « adorable marquise », présumant comme beaucoup d'autres de ses contemporains que la pensée élevée s'accompagnait nécessairement d'une vie austère, tomba un jour sur le philosophe qui s'empiffrait plus qu'il ne l'aurait fallu à un ermite pour rester en vie. Lorsqu'elle exprima sa surprise, Descartes répondit : « Pensez-vous que Dieu a créé les bonnes choses pour les imbéciles seulement ? » Cette histoire, qui a frappé Grigson apparemment, lui inspira le titre de sa collection : *Les bonnes choses.*

Sa vision d'un passé perpétuellement vivant m'encouragea à confectionner des plats que je n'aurais pas autrement tentés, comme le Gratin de citrouille de Toulouse-Lautrec. Le résultat ne fut pas vraiment une réussite, mais confirma au moins l'extraordinaire sens de la couleur de Lautrec. En revanche, les Pommes aux poires de Montaigne (excellentes avec du jambon), que celui-ci découvrit en 1580 alors qu'il traversait la Suisse pour se rendre en Italie, prouvent que nos habitudes alimentaires ont changé, mais pas la structure de nos palais.

Jane Grigson était l'épouse de Geoffrey Grigson, qui fut pendant des années le critique littéraire le plus caustique et le plus méprisant de tout le pays. Aussi – à l'écrit, du moins – représentaient-ils les

Jack et Mrs Sprat[1] de l'humeur. Non que Jane Grigson fût une cabotine de la nourriture – ses opinions étaient toujours très claires et jamais dénuées d'esprit –, mais elle savait ce qu'elle n'aimait pas et ce qui ne marchait pas. Le chou sauvage est « très mauvais » ; la plupart des navets anglais « ne conviennent qu'à l'hivernage des troupeaux, des écoliers, des prisonniers et des pensionnaires ». Elle connaît bien aussi le rutabaga.

Parfois, cependant, sa bienveillance naturelle frise l'utopisme. Ainsi imagine-t-elle que les Anglais pourraient se remettre à cultiver partout des légumes avec enthousiasme. « En élargissant le tableau, sur chaque balcon des tours d'habitation pousseraient des carrés de légumes – tomates super marmande et allongées dans des pots, herbes aromatiques dans des jardinières, courgettes et courges grimpant autour des portes. À l'intérieur, il y aurait des aubergines devant les fenêtres, des poivrons, des piments et du basilic, des jarres de plantes germées, des plats de moutarde et de cresson et des seaux remplis de champignons et d'endives dans les sombres placards à balais. »

Il est important de faire remarquer que vingt-cinq ans plus tard, les principaux problèmes des

1. Personnages d'une comptine. Jack mange maigre tandis que sa femme est très gourmande. *(N.d.T.)*

quartiers déshérités ne viennent pas des bouffées nocives du thym et du basilic, ou de vieilles dames trébuchant sur des trottoirs envahis par des courgettes rampantes. Mais peut-être que les écrivains culinaires ont tendance à être optimistes de nature. (Imaginez un livre de cuisine écrit par un râleur confirmé : « Ça ne marchera pas et ça risque d'empester, mais vous pouvez toujours essayer, si vous voulez vous en donner la peine… ») Jane Grigson n'était pas seulement une Bonne Chose, elle était exemplaire. Son *Vegetable Book* est précédé d'une citation de Robert Louis Stevenson : « Chaque livre est une lettre qui circule entre les amis intimes de son auteur. » Oui, mais avec les meilleurs livres, tous les lecteurs se croient les amis de l'auteur, y compris ceux qui ne le connaissent même pas.

Le marchand antipathique

Dans son gros livre, *The Essentials of Classic Italian Cooking* [L'essentiel de la cuisine italienne], Marcella Hazan présente une recette de Filets de poisson bleu aux pommes de terre, ail et huile d'olive, façon génoise. Je suis allé chez un poissonnier où je ne peux m'empêcher d'entrer avec une certaine appréhension. On y vend de bons produits, on accepte votre argent, mais il faut souvent endurer les moqueries de ce couple de comédiens tatoués.

« Vous avez du poisson bleu ? demandai-je.

– Du poisson bleu, répéta le marchand, mécaniquement. Nous avons du poisson blanc, du poisson rose, du poisson jaune... » Et tandis qu'il considérait son étal à la recherche d'autres teintes plutôt drôles, mon cœur se serrait.

La cuisine commence par les courses, et s'il est peu probable que je suive un cours de cuisine, je pourrais m'inscrire à une formation pour apprendre à faire le marché. Les divers intervenants devraient inclure un nutritionniste, un écrivain culinaire, un théoricien des jeux et un psychologue. Je me rappelle être allé faire les courses avec ma mère après-guerre, quand sévissait encore le rationnement, et avoir pris conscience de la nature complexe de cette activité quotidienne. Ma mère tenait les cordons de la bourse et gérait la vie sociale, le marchand contrôlait les stocks (et c'est là l'un des problèmes – il a toujours été et restera « il »). Elle savait ce qu'elle voulait, il savait ce qu'il possédait ; elle pouvait refuser de payer un certain prix, il pouvait refuser de lui proposer ce dont elle avait besoin, même s'il le détenait. Bien que ne rimant à rien, cet échange était – et continue d'être – un rapport de pouvoir, avec de temps en temps un petit coup de lutte des classes. Au mieux, on pouvait envisager une forme de complicité, mais rarement plus qu'une fausse égalité.

C'est pourquoi une recette commençant par : « Demandez à votre boucher de… » ou « Téléphonez avant à votre poissonnier pour lui faire… » ne remonte guère le moral de l'obsessionnel. Attention, je connais d'excellents bouchers, poissonniers, primeurs, bien que je n'en considère aucun comme « mien ». De la même manière, il

m'est arrivé de tomber sur un boucher bêtement renfrogné qui répond à votre demande hésitante en attrapant un morceau de viande avec force moulinets des bras, puis le soumet à votre inspection pendant un quart de seconde et vous demande du bout des lèvres si ça vous va, le pose sur la balance et le retire avant même que vous ne puissiez accommoder à nouveau votre regard, puis vous annonce un prix qui relève tout aussi bien de la spéculation.

Cependant, sa viande est excellente. Mr Bêtement Renfrogné n'a adouci ses manières qu'une seule fois, durant la crise de la vache folle, quoique son renfrognement inné, masqué par de temporaires flatteries, soit une vision déconseillée aux âmes sensibles. Le fâcheux succès des supermarchés est dû à de nombreux facteurs, parmi lesquels l'élimination d'un échange social parfois maladroit n'est pas négligeable. Considérons les personnes qui servent au rayon boucherie des supermarchés : elles portent peut-être la tenue des bouchers, mais n'en ont pas le caractère ; ce sont les employés d'une corporation, polis et inoffensifs, et entraînés à faire oublier que la viande provient d'animaux morts.

La réponse, bien sûr, tient au savoir et à l'assurance du client. Les livres de cuisine commencent généralement par la description du matériel et des pratiques culinaires. Lorsqu'on fait ses courses, le bon sens va de soi. Nous trimballons, pour la plupart, un savoir qui est un pathétique ramassis d'adages bon marché. Poisson : examiner les yeux pour juger de la fraîcheur. Huîtres : seulement les mois avec un R. Ananas : vérifier leur maturité en arrachant une feuille – intérieure ou extérieure, je ne me souviens jamais – qui doit se détacher facilement (essayez ça dans certains magasins). Viande : demander à votre boucher si sa chair est fraîche (non, il vous faudra tourner ça autrement). Un maigre savoir, qui trahit une vaste ignorance, avantage le commerçant. Il y a un autre problème essentiel : vous partez faire les courses avec la liste des produits exigés par un tyrannique écrivain culinaire, et l'un d'eux est introuvable. La panique et la peur de l'échec commencent là.

Bref, toute aide apportée par les livres de cuisine est la bienvenue. Par exemple, suggérer des ingrédients de remplacement (« Ce plat peut également se faire avec du poisson à la chair blanche, rose, jaune… »). Marcella Hazan est l'auteur que je trouve le plus rassurant à cet égard. Ce qui me surprit, d'ailleurs, quand je me mis à suivre ses recettes. Je m'étais toujours dit en effet que la cuisine italienne, parmi toutes les grandes cuisines d'Europe, ne laissait pas une grande marge de manœuvre dans la mesure où elle dépend avant tout de la fraîcheur des ingrédients et de la rapidité avec laquelle on les manie. Marcella Hazan dresse une liste des denrées de remplacement ; elle est tolérante vis-à-vis des herbes aromatiques en poudre ; recommande vivement d'utiliser des tomates pelées en conserve, car elles ont meilleur goût que la majorité des tomates fraîches ; préfère souvent les cèpes déshydratés aux frais. Elle nous épargne une grande souffrance en notant les plats qui peuvent être préparés à l'avance. Et face à notre indolence et à notre amour du pratique, elle est même allée jusqu'à essayer – et plusieurs fois – de concilier l'utilisation du micro-ondes et les principes de la cuisine italienne. Heureusement, toutes ses tentatives se sont révélées des échecs purs et simples.

C'est cependant avec ses recettes de pâtes que je me sentis libéré en cuisine. Je possédais un appareil électrique pour fabriquer des pâtes fraîches dont j'étais extrêmement fier. La machine soulevait, fouettait, grondait avant d'expulser les pâtes choisies à travers des douilles diverses. On devait ensuite les déposer immédiatement avec un soin méticuleux sur du papier sulfurisé pour éviter qu'elles ne collent ; quant à l'appareil, il fallait le démonter et le nettoyer trois secondes après son utilisation si l'on ne voulait pas que les résidus de pâte se transforment en béton. Mais j'éprouvais toujours une satisfaction presque excessive lorsque je jetais lestement les pâtes dans l'eau bouillante salée, à laquelle je ne manquais pas d'ajouter une bonne rasade d'huile d'olive, ayant lu quelque part que les pâtes se détachent plus facilement. *Pasta della casa ?* C'est angoissant, bien sûr, mais tellement meilleur que les pâtes achetées dans le commerce.

Puis je lus Marcella Hazan. D'abord, ceci : « Ne mettez jamais d'huile dans l'eau sauf si vous cuisinez des raviolis faits maison » (pour les empêcher de s'ouvrir). Enfin, le summum : « Malgré l'idée en vogue, rien ne permet d'affirmer que les pâtes "fraîches" sont préférables aux pâtes sèches industrielles. Elles ne sont pas meilleures, mais tout simplement différentes... Si les deux sont rarement interchangeables, elles se valent sur le plan de la qualité absolue. » Vous voulez savoir ? Pendant des années, j'ai préparé avec fierté des plats pour lesquels des pâtes sèches auraient mieux convenu.

Mon appareil à fabriquer des pâtes fraîches se retrouva dans le Tiroir des Appareils de Rebut, et Marcella Hazan fut béatifiée. Ses recettes ne laissent pas seulement un maximum de latitude, elles garantissent, d'après mon expérience, le plus fort pourcentage de réussites et une saveur authentique. Marcella Hazan rassure. Suffisamment, peut-être, pour que j'appelle un jour mon poissonnier tatoué et que je lui parle avec hargne : « Maintenant, écoutez-moi bien : je veux commander du poisson bleu ! Et épargnez-moi vos insolences ! »

Une fois suffit

Alors que je commandais du chevreuil par téléphone à une ferme bio à laquelle je n'avais jamais eu affaire, je m'enquis des autres produits disponibles en stock. Une voix de femme me lut une liste et termina par « écureuil ». J'en conçus un certain intérêt. Depuis le début de l'année, je cherchais un moyen pratique de me venger de ces petits saligauds qui mangeaient les bourgeons d'un camélia de mon jardin. L'écureuil était incroyablement bon marché (il mérite de l'être), et on m'expliqua qu'il était préférable de le cuire longtemps, à petit feu. Puis, on me demanda si je voulais que la bête soit découpée.

« Quel est l'avantage ? dis-je.

– Eh bien, si elle n'est pas découpée, on voit tout de suite que c'est un écureuil », me répondit-on.

Je la commandai découpée.

Deux jours plus tard, le colis en polystyrène arriva. Je tâtonnai aussitôt sous le chevreuil à la recherche de *l'amuse-gueule** à queue touffue. J'ouvris le sac en plastique. Hum-hum. Ils avaient oublié de le découper et il ressemblait effectivement à… oui, un écureuil mort, dénudé et dépouillé. J'essayai de lui parler durement – « Tu n'es qu'un rat avec une meilleure image de marque », ce genre de choses –, mais cela ne me le rendit pas plus appétissant pour autant. Finalement, je le donnai à un étudiant pauvre qui avait un côté « homme des bois ». Et je n'ai plus jamais commandé d'écureuil.

Il y a certaines choses qu'on ne peut se résoudre à manger, ou à cuisiner ; ou bien, si on a fait une fois l'expérience, à la refaire. J'ai une amie omnivore qui refuse de manger deux choses : les huîtres cuites et les oursins. Lorsqu'on lui demande ce qu'elle reproche aux oursins, elle répond : « Ils me font penser à de la morve chaude. » Cette description eut en tout cas un effet dissuasif sur moi pendant de nombreuses années, mais je finis par succomber à un soufflé aux oursins dans un restaurant parisien très cher (où j'étais invité). Ils m'évoquèrent… non, non, cela ressemblait vraiment à… je ne trouve pas les mots.

Un jour, j'ai acheté une anguille à l'étal d'un poissonnier chinois de Soho, je l'ai rapportée chez moi en métro puis je me suis rendu compte que j'allais devoir la dépouiller. Voilà comment il faut procéder : clouez l'anguille à l'encadrement d'une porte ou à tout autre montant en bois de votre maison, pratiquez une incision des deux côtés du cou, munissez-vous de tenailles – une paire dans chaque main –, saisissez les deux bouts de peau, posez votre pied contre la porte au niveau de la tête de l'anguille et tirez lentement vers vous ; la peau est ferme et élastique, comme une épaisse chambre à air. Après coup, j'étais heureux d'avoir réussi l'épreuve. Maintenant, je saurai me débrouiller si je dois survivre quelque part avec pour seule compagnie une anguille, deux paires de tenailles et un encadrement de porte ; pour autant, je peux me passer de cette activité dans ma vie. Fumée, en matelote ou au barbecue, l'anguille est la bienvenue dans mon assiette sous toutes ses formes ou presque ; mais dorénavant, je laisserai aux autres le soin de la dépouiller.

J'ai mangé du serpent une fois, du crocodile une fois, du karbau une fois. Idem pour les œufs de cent ans que les Chinois enfouissent dans le sol pour les déterrer (comme les écureuils) après une saison ou deux, et que mon palais n'a guère distingué de vieux œufs durs enfouis dans le sol pendant longtemps. J'ai mangé du kangourou en

Australie lors d'un dîner littéraire avec Kazuo Ishiguro, lequel commanda ce plat en déclarant : « J'aime bien manger l'emblème national. » (« Qu'est-ce qu'il mange en Angleterre ? marmonna un poète à côté de moi. Du lion ? ») J'ai l'intention de manger du freux maintenant que la saison des promenades à pied a commencé : je connais un pub, dans les Chilterns, qui en prépare sur commande. J'ai même mangé une fois un Big Mac, mais ne rabaissons pas le ton de cet essai.

Rien de tout cela n'impressionne vraiment mon ami écrivain voyageur, Redmond O'Hanlon, pour qui le crocodile est un mets aussi commun que le hareng fumé. Au fil des années, son tube digestif a accueilli du caïman, du cochon d'eau, du rat, de l'agouti, du tatou, du singe, du varan, des asticots, des vers palmistes et d'autres formes de vie. Lesquelles ne font ni chaud ni froid à Galen, son fils adolescent. La dernière fois que son père passa en revue sa liste de mets exotiques, il l'interrompit en disant : « Oui, mais tu n'as pas de papilles gustatives, papa. Du coup, ce que tu as mangé n'a *aucun intérêt.* »

En général, on mange de quelque chose une fois et on n'en remange plus par manque d'occasion plutôt que par dégoût (le crocodile avait une saveur surprenante et subtile, dans mon souvenir : sur les trois morceaux disposés dans l'assiette, le premier faisait penser à de la viande, le second à du poisson et le troisième aux deux). Il n'y a pas l'ombre d'un doute que dans les années à venir, au nom de sentiments plus nobles, on jugera honteuses, dégoûtantes et incompréhensibles certaines de nos habitudes alimentaires. De même que nous sommes choqués d'apprendre qu'au Moyen Âge et à la Renaissance, on mangeait du héron ; pire, on dressait des faucons pour le chasser. Les Anglais le servaient rôti avec du gingembre, les Italiens avec de l'ail et des oignons, les Allemands et les Hollandais en faisaient des tourtes. Pour les Français, il était impensable de le servir sans sauce, et La Varenne suggéra de décorer le plat avec des fleurs pour le rendre plus appétissant.

Il y a aussi des plats que l'on cuisine une fois, et avec un certain succès – plusieurs petits désastres banals au cours de la préparation, mais rien d'extraordinaire, rien qui vous empêche d'imaginer leur éventuelle saveur, dans un monde parfait. Pourtant, pour des raisons étrangères au cuisinier, on est incapable de recommencer. Peut-être que l'un des invités a vomi dans la rue – de toute façon, quelque obstacle psychologique mineur se présente chaque fois que le livre s'ouvre par hasard à cette page-là, au cours des deux années suivantes.

J'ai préparé un jour un Lièvre à la sauce au chocolat pour un amiral en retraite. Cela vous paraît un bon choix de menu ? C'était assurément discutable, puisque je n'avais jamais tenté ce plat pour personne. Âgé de plus de soixante-dix ans, l'amiral était un homme encore vert, de belle prestance et avec un certain nombre de conquêtes amoureuses à son actif. Depuis sa place à table, il parcourut la pièce du regard et remarqua les tableaux aux murs.

« Mon père peignait des… des trucs comme ça », dit-il.

Je savais – et il savait que je savais, et je savais qu'il savait que je savais – que son père était Augustus John, l'un des plus célèbres peintres anglais de son époque. Un jalon était ainsi posé. Lorsqu'il devint clair que l'obsessionnel était aux fourneaux ce soir-là et qu'en outre, il servirait un plat principal alambiqué, je me sentis l'objet d'un regard pour le moins glacial.

La recette provenait des *Bonnes Choses* de Jane Grigson. Une fois le ragoût cuit, on prépare la sauce en mélangeant le sucre dans une casserole jusqu'à ce qu'il fonce légèrement, puis on verse le vinaigre de vin. La sauce est censée se transformer en sirop épais auquel on rajoute le chocolat, les pignes, l'écorce d'orange confite, etc. Au lieu de quoi, le mélange se rebiffa avec violence, lâcha une bordée d'éclairs et de grésillements, et se transforma sur-le-champ en une barre de caramel amer. Je ne m'en sortirais pas par un coup de bluff. Le lièvre attendait d'un côté, les ingrédients pour finir la recette, de l'autre ; seule la sauce pouvait faire qu'ils se rencontrent.

Je sortis une nouvelle casserole, et j'étais en train de faire fondre le sucre avec appréhension quand j'entendis l'amiral déclarer sa flamme à Celle-pour-qui-l'obsessionnel-cuisine. Ce fut assez inattendu pour moi, pour elle, et à l'entendre, pour l'amiral aussi. Il s'exprimait d'une voix forte et précise, comme il convient à quelqu'un habitué à donner des ordres.

« Que faire lorsqu'on tombe amoureux ? » demandait-il. Question qui n'avait rien de rhétorique et qui m'est restée en mémoire depuis.

Le sucre commença à fondre alors que mon cœur, je dois le confesser, se durcissait. Le nez dans le livre de cuisine, mais les oreilles tendues vers la salle à manger, je n'étais peut-être pas au maximum de ma concentration. J'arrivai de nouveau au moment clé de la gastro-fusion, et la même explosion se produisit. Devais-je y voir un présage de mauvais augure ? Désolé, amiral, le menu a changé. On mange du Lièvre à la sauce au chocolat mais sans la sauce. Elle croupit au fond de la cale. Et au fait, méfiez-vous des petits os dangereux qui pourraient se coincer dans la gorge.

Depuis cette soirée, je n'ai jamais été tenté de refaire du Lièvre à la sauce au chocolat. En revanche, je me suis parfois demandé à quoi pouvait ressembler de l'amiral rôti. À de l'écureuil, je suppose.

Il fallait le dire plus tôt !

Peu de temps après l'histoire de l'amiral amoureux et de la Casserole explosive, je me trouvai à correspondre avec Jane Grigson au sujet du régime de Flaubert. (Un gros mangeur, plus qu'un fin gourmet. Il goûta une fois du dromadaire en Égypte, et les mandarines et les huîtres comptaient au nombre de ses mets favoris.) J'en profitai pour mentionner, dans les termes les plus neutres possibles, le danger qu'il y a à ajouter du vinaigre de vin à du sucre fondu dans une casserole chaude.

« C'est toujours un peu délicat », répliqua-t-elle, compatissante, puis elle me donna quelques tuyaux pour minimiser l'effet Krakatoa. (On retire la casserole du feu d'abord : oui, oui, c'est évident, je sais, j'aurais dû y penser...) Elle m'expliqua ensuite comment éviter le phénomène : « En fait, maintenant, je verse les deux ingrédients ensemble dans la casserole – c'est le style nouvelle cuisine –, et je fais bouillir jusqu'à obtenir un caramel. »

Elle aurait pu me le dire plus tôt ! pensai-je avec regret.

Quelque temps après, un ami chef livra dans sa rubrique hebdomadaire une nouvelle recette de risotto « facile ». Comme le sait tout cuisinier amateur qui s'y est déjà essayé, il est quasiment impossible de faire quoi que ce soit au cours des vingt dernières minutes excepté remuer, ajouter du liquide et se ronger les sangs ; remuer, ajouter du liquide et se ronger les sangs, etc. Au mieux, on a juste le temps d'abandonner le plan de cuisson pour jeter un glaçon dans un cocktail déstressant. Mais une sociabilité normale n'est absolument pas envisageable.

Apparemment, il existait une solution. La nouvelle recette consistait à engager les préliminaires comme d'habitude – faire blondir les oignons, enrober les grains de riz dans l'huile et le beurre, verser le verre de vin ou de vermouth –, mais au lieu d'ajouter la première louche de bouillon frémissant et de commencer le cycle de l'angoisse, on versait tout le bouillon d'un seul coup. Puis, on le portait de nouveau à ébullition, on retirait la casserole du feu, on couvrait et on laissait tout ça tranquille aussi longtemps que dans l'autre méthode, mais sans s'agiter. Cette méthode réduit l'angoisse : pas complètement, bien sûr (cela n'arrive jamais), et parce qu'on n'est pas autorisé à soulever le couvercle pour examiner comment ça se passe en dessous, le sceptique culinaire ne peut empêcher de noires suppositions de lui traverser l'esprit. Cependant, et c'est bien plus important, on a le temps de préparer une salade, de déposer les boissons sur un plateau et de passer pour un être humain normal.

J'ai essayé cette nouvelle recette à plusieurs reprises et tout s'est très bien déroulé, du moins dans mon souvenir. Pourtant, je suis revenu à l'ancienne méthode : peut-être parce que je ne pouvais dissocier le plat d'un effort constant devant le plan de cuisson, et que l'angoisse me manquait. Quelque temps après, nous sommes allés dîner chez notre ami et l'avons trouvé devant un risotto qu'il faisait cuire comme avant, c'est-à-dire à découvert et en le remuant (tout en préparant, je l'avoue, trois autres plats en même temps).

« Et la méthode où tu te contentes de verser tout le bouillon d'un coup et de couvrir ?

– Oh, j'ai abandonné », répondit-il, comme s'il était surpris que quiconque procède encore de cette manière.

Il aurait pu le dire plus tôt ! Quand s'était-il rétracté dans sa rubrique ? Il avait changé d'avis !

Ça ne doit pas se passer comme ça ! Mais bien sûr, ça se passe comme ça. Et c'est là une terrible leçon pour le cuisinier domestique. Nous présumons que les auteurs d'une recette l'ont parfaite avant de l'imprimer. Ils l'ont testée, ils ont ajusté à la fois l'assaisonnement et la formulation jusqu'à atteindre l'ultime précision. Nous présumons aussi que lorsqu'ils cuisinent à partir de leur propre recette, ils respectent chaque parole du texte sacré comme nous tous. Ils n'en font rien. Les jours se suivent mais ne se ressemblent pas, et les recettes se suivent mais ne se ressemblent pas non plus. Le cuisinier, les ingrédients, les instructions et le plat obtenu ne sont jamais exactement les mêmes. Il ne s'agit pas de post-modernisme, et ce serait manquer de tact que d'invoquer le Relations d'incertitude de Heisenberg, mais vous voyez ce que je veux dire.

L'autre soir, des amis suisses mariés depuis peu sont venus dîner. Un plat anglais typique, voire étrange, semblait de rigueur. Il fut donc décidé de leur servir le Saumon en croûte avec une sauce aux herbes de Jane Grigson. On confectionne un sandwich avec deux épais filets de saumon que l'on garnit de beurre, de raisins de Corinthe et de gingembre râpé (la touche de sucré dans le poisson témoigne des origines médiévales de la recette), puis on recouvre le tout de pâte et on fait cuire au

four pendant une demi-heure. L'obsessionnel était chargé de découper les filets de saumon et d'en retirer la peau ; Celle-pour-qui-il-cuisine s'occupait de la garniture et de la sauce aux herbes. Par chance, la recette figure à la fois dans le *Fish Cookery* (1973) de Grigson, et dans son *English Food* [Cuisine anglaise] (1974). Aussi, un exemplaire de chaque ouvrage fut-il ouvert, ce qui évita la bousculade inhérente au partage des préparatifs culinaires.

Après avoir mélangé le beurre et le gingembre, Celle-pour-qui réclama la cuillerée à soupe de raisins de Corinthe. Je maintins le sachet en équilibre au-dessus de la cuillère.

« C'est une grosse cuillerée ou une cuillerée bombée ? demandai-je, et pas seulement pour me moquer.

– Ni l'un ni l'autre, donc ce n'est ni l'un ni l'autre. »

Dommage : j'adore les raisins de Corinthe. Pourtant, je versai docilement une cuillerée rase, et la confection du plat se poursuivit. La sauce était à présent en cours de préparation à l'autre bout de la cuisine.

« C'est un peu vague, entendit-on. *Persil, cerfeuil, estragon hachés.* Les quantités ne sont pas indiquées.

– Saleté de recette », dis-je pour exprimer mon soutien. Puis, je m'empressai d'appliquer la Règle 15b de l'obsessionnel : lorsque la quantité des ingrédients n'est pas spécifiée, forcez ceux que vous aimez, diminuez ceux dont vous êtes moins friand et supprimez ceux que vous détestez.

Le sandwich au saumon était prêt, la sauce cuite, la pâte sur le point de passer sous le rouleau à pâtisserie lorsque je demandai brusquement : « Et les amandes ?

– Quelles amandes ?

– *Une cuillerée à soupe d'amandes émondées et effilées*, lus-je dans *English Food*.

– Première nouvelle, répliqua Celle-pour-qui tout en consultant le *Fish Cookery*.

– Attends, dis-je, c'est une cuillerée à soupe bombée de raisins de Corinthe. Sauf que ce sont des raisins secs, évidemment. »

Nous comparâmes les recettes de nos livres respectifs. Amandes dans l'une, pas dans l'autre ; une cuillerée à soupe non bombée de raisins de Corinthe ici, une cuillerée à soupe bombée là ; deux morceaux de gingembre, ou quatre morceaux ; quatre noix de beurre, ou trois noix : persil, cerfeuil et estragon en quantité non spécifiée d'un côté, de l'autre une cuillerée à café bombée de persil finement haché et une cuillerée à café (non bombée, je suppose) du mélange cerfeuil et estragon hachés.

J'écartai les filets de saumon et nous jetâmes quelques amandes effilées, ainsi qu'une quantité de raisins de Corinthe – parce que l'obsessionnel en moi insistait –, égale à la différence entre une cuillerée à soupe bombée et une cuillerée à soupe rase. Théoriquement, je sais que toutes les recettes sont des approximations, que le cuisinier créatif procédera chaque fois à des ajustements en fonction de la qualité et de la disponibilité des ingrédients, que rien n'est figé (sauf le vinaigre de vin mélangé à du sucre chaud fondu), etc. Mais je ne veux tout simplement pas être confronté à cette réalité quand je suis en pleins préparatifs culinaires. Ah oui, autre chose : je me suis aperçu après coup que les raisins de Corinthe étaient périmés depuis six mois.

Abrégez, l'obsessionnel ! Est-ce que c'était bon ? Sacrément bon, mais c'est moi qui le dis – et seulement parce que j'étais responsable de la partie la moins cruciale de la préparation. Bref, cela n'avait pas d'importance, finalement ? Non, pas vraiment. Pourquoi toutes ces histoires, alors ? Parce que… eh bien… c'est ça la cuisine, non ? On pourrait presque en faire une définition de dictionnaire. Cuisiner consiste à transformer l'incertitude (la recette) en certitude (le plat) via beaucoup de chichis.

Dans la mesure où je ne tolère pas la moindre critique contre Jane Grigson, même de ma part, je me mis à inventer des explications. C'était un test, en quelque sorte, pourquoi pas une plaisanterie : dans tous les cas, une manœuvre délibérée de Grigson pour donner à ses fidèles lecteurs une petite leçon sur les Relations d'incertitude de Heisenberg. Je faisais erreur, évidemment, et je cessai de rouspéter au bout de plusieurs semaines lorsqu'on me fit remarquer que si j'avais continué à lire *English Food* après la fin de la recette, je serais tombé sur ces petits mots tout simples : « Ceci est une version légèrement adaptée de... » Un lecteur m'envoya gentiment sa première version imprimée, tirée de *God housewife's Jewell* [Le joyau de la ménagère] de Thomas Dawson (vers 1585) : « Comment faire cuire une hure [c'est-à-dire la tête] de saumon frais : prendre du gingembre et du sel et assaisonnez-les, mettre quelques raisins de Corinthe autour et en dessous, faire une pâte fine, étaler un peu de beurre dessus, mettre au four pendant deux heures puis servir. »

Heureusement que je ne faisais pas la cuisine en 1585, pensai-je. Moi, qui maugréais contre le manque de précision et les variations d'une recette à l'autre. Assaisonnez le sel ? *Quelques* raisins de Corinthe ? Combien y a-t-il de raisins de Corinthe dans « quelques raisins » ? Et pas une seule indication de thermostat. Qu'est-ce que l'obsessionnel aurait fait ?

Restez simple

« Au secours ! commençait le mail. Qu'est-ce qu'un jaune d'œuf de vingt grammes ? Comment le peser ? Et s'il est trop lourd, dois-je le couper en deux ? »

Telle fut la réaction de ma belle-sœur en lisant une recette d'un des plus célèbres chefs d'Angleterre, Mr Heston Blumenthal, qui a reçu en 2004 trois étoiles au Michelin. Pour une simple ménagère, même le nom d'une de ses recettes eût représenté un sacré défi. Meringue écrasée et Pistaches à la mayonnaise au soja. Vous vous sentez prêt à relever, pas du tout à la hauteur ? Vos glandes salivaires vibrent et vous piaffez pour foncer dans la cuisine, ou bien vous voyez déjà devant vous la très belle enseigne au néon bleu de Pizza Express ?

Comprenez-moi bien. J'ai le plus grand respect pour Mr Blumenthal. J'ai dîné une fois dans son restaurant, « The Fat Duck », à Bray-on-Thames, et en restant très conservateur dans le choix des plats, je fis un excellent repas exotique. Mr Blumenthal est un disciple d'El Bulli, restaurant d'une originalité renversante au nord de Barcelone, et il a eu le grand courage de s'installer à une cinquantaine de kilomètres de Londres. Il fait également partie des quelques restaurateurs, dans sa classe et sa gamme de prix, qui vous autorisent à apporter votre bouteille de vin en échange d'un droit de bouchon. C'est un mélange unique, à la fois gastrotechnologue, qui connaît le fonctionnement intime de chaque muscle, et un cuisinier à l'imagination rococo. Si vous lui confiiez un cerveau humain, il le ferait pocher dans une réduction de Cornas 1978, et le coifferait d'un mortier à base de réglisse ; mais avant de le jeter dans la marmite, il ne comprendrait pas forcément tout ce qui s'est passé à l'intérieur.

Attention, ne me faites pas dire ce que je n'ai pas dit. Je suis prêt à essayer certaines recettes de Mr Blumenthal, mais lorsqu'il raconte que la meilleure façon de cuire un steak, c'est de le retourner toutes les quinze secondes, ce qui fait trente-deux fois en tout pendant les huit minutes de cuisson, je me demande qui surveillera les frites et la purée de pois tandis que je retournerai quatre steaks 128 fois ? Bref, je passe. Quant aux frites… Vous avez vu sa recette de frites ? Il reprend la technique de la « pause » – sortir le panier à friture et laisser l'huile retrouver sa température initiale avant de replonger les frites pour un dernier brunissage – et la porte à son point le plus extrême (ou fantastique). La méthode Blumenthal consiste à faire frire les frites puis à les placer au frigo pour qu'elles refroidissent. Au bout d'une heure ou deux, on réchauffe l'huile à nouveau et on termine la cuisson. J'y ai beaucoup réfléchi, et je ne vois personne – pas une seule personne – qui procéderait de la sorte.

Toutefois, j'apprécie et j'admire l'attachement qu'il voue à la cuisson lente. Lente, c'est-à-dire *très* lente. En préparant un ragoût à la queue de bœuf l'autre jour, comme à mon habitude, je vérifiai le temps de cuisson dans plusieurs recettes. Dans l'une, deux heures (c'est une plaisanterie) ; dans une autre, trois ; une autre encore, quatre (on se rapproche). Je crois me souvenir que je l'ai laissé cuire cinq heures et fait réchauffer ensuite à deux reprises pendant quarante-cinq minutes chaque fois, ce qui permit à la viande de fondre dans la bouche. La recette de Mr Blumenthal indique probablement comme temps de cuisson un cycle lunaire complet.

Cependant, l'embûche se présenta assez vite. J'avais lu plusieurs de ses recettes à cuisson lente, pour lesquelles il donnait une température de four en centigrades. Je possède un four standard doté d'un thermostat. De toute évidence, il s'agissait d'un thermostat 1, voire moins. Le tableau de conversion des températures figurant au début de n'importe quel livre de cuisine ne commence même pas à la température 65° préconisée par Mr Blumenthal pour l'une de ses recettes. Par ailleurs, il recommande d'utiliser un thermomètre de four ; et d'enfourner la viande seulement quand la chaleur est stabilisée. Impossible de calculer au pifomètre.

Je me rappelai alors avoir acheté un thermomètre de four, lors d'une descente dans un magasin d'articles de cuisine. On va y chercher une machine flambant neuve, et on en repart avec un couteau éplucheur et un gadget douteux. Mon thermomètre de four se trouvait forcément dans un tiroir, l'endroit honteux où l'on range pareils objets avant d'oublier leur existence et où tout est enchevêtré – les baguettes dans les branches du fouet. Je l'y dénichai. 65°, me dis-je à moi-même, songeur. Une cuisson de six heures, sept heures, un jour et demi, avec des odeurs de cuisine flottant jusqu'à mon bureau. Je sortis le thermomètre de son étui. Il indiquait au minimum 75°.

Mr Blumenthal me dépasse, tout comme il dépasse mon thermomètre de four, un point c'est tout. Sa cuisine convient à des dieux olympiens que des millénaires de perfection ont rassasiés et rendus grincheux. En revanche, des écrivains plus accessibles, bien que tout aussi subtils, me posent un autre cas de conscience. Je vénère Elizabeth David, et pourtant je n'utilise pas ses recettes aussi souvent que je le devrais, ou même aussi souvent que je le souhaiterais. Pourquoi ? Parce que j'ai l'impression qu'elle me surveille du coin de l'œil ; si je me trompe, j'offenserai son fantôme. Et voilà, j'ai mal travaillé, et le temple de la cuisine a été profané.

Prenons le cas de l'écrivain culinaire américain, Richard Olney (1927-1999). Comme Mrs David, il exerça une influence salutaire, décrivit la cuisine avec finesse et en termes évocateurs et la situa dans un contexte culturel plus large. Dans sa rubrique nécrologique, le journaliste du *Times* écrivit à juste titre, en parlant du *Simple French Food* [La cuisine française simple] d'Olney, que c'était « l'un des rares livres de cuisine que tout le monde devrait avoir ». Olney était également un homme d'une incorrigible excellence. Il y a quelques années, alors que j'étais critique gastronomique, je fus invité à une réception au Dorchester Hotel en l'honneur de la cuisine française. Une armée de chefs récompensés de plusieurs étoiles au guide Michelin avaient préparé un banquet pour plus de 200 personnes. Bonhomie générale et savoir-vivre. Olney était l'un des invités. On me raconta qu'il renvoya le vin rouge qu'on venait de lui servir, après l'avoir goûté. Non pas parce qu'il sentait le bouchon, mais parce qu'il dépassait de deux degrés la température requises.

Simple French Food. Attention : le premier de ces trois mots est un piège. Vers la fin d'une longue réflexion de six pages consacrée à ce terme, Olney arrive à la conclusion que « la simplicité est une chose compliquée ». Le mot d'ordre moderne stipule : « Si la cuisine n'est pas simple, elle n'est pas bonne. » Olney préfère l'inverser : « Si la cuisine n'est pas bonne, elle n'est pas simple. » Avec une définition pareille, tout peut être considéré comme simple, de la cuisine paysanne à la grande cuisine classique. Il ne s'agit pas de la facilité de préparation, mais de « pureté de l'effet » – laquelle (vous l'aurez deviné maintenant) peut entraîner des complications considérables au niveau des moyens.

L'éditeur de *Simple French Food* ayant choisi d'encoller les feuillets plutôt que de les coudre, les pages dont on se sert régulièrement tombent par terre lorsqu'on ouvre le livre. Dans mon cas : le

Chou-fleur gratiné, le Gratin de courgettes, les Pommes paillasson (cette recette à elle seule vaut le prix du livre) et le Gigot d'agneau mariné. Franchement, je m'en suis tenu aux plus simples des recettes simples.

La raison est simple aussi. Comme la plupart des gens, j'annote mes livres de cuisine – pages cornées, croix, points d'exclamation, corrections et suggestions pour les fois suivantes. Dans certains cas, il n'y a pas de fois suivante. Voici ce que j'ai noté à côté de la recette du Soufflé aux courgettes d'Olney (je vous prie d'avance d'excuser mon langage) : *Ce plat pour deux personnes m'a pris quatre heures. Impossible de se servir du moulin à légumes comme lui. Au moment de démouler, le soufflé s'effondre et la sauce forme une couche qui s'étale sur toute la surface. Bref, foutrement désastreux, mais foutrement bon!* Mon erreur tient peut-être à ce que je ne possède pas de moule à savarin. Je ne savais même pas que ça existait! Au dos de la page, à l'endroit où Olney mentionne cet objet, j'ai souligné ses mots et écrit : *Pourquoi tu n'expliques pas ce que c'est dans ton bouquin, mon vieux?*

Comme vous l'aurez deviné, le Soufflé aux courgettes m'a laissé quelque peu perturbé. Et non, je ne suis pas allé acheter un moule à savarin. Je suis retourné au Chou-fleur gratiné. En partie, parce qu'il faut accepter les limites de ce qu'on peut faire ; mais surtout de ce qu'on peut rater. C'est là que la plupart des gens, et certainement la plupart des obsessionnels culinaires, faussent compagnie à Mr Blumenthal et à Olney, et également à Mrs David. Non pas parce que ces experts pensent qu'il est impossible d'échouer – ils savent que cela arrive. Elizabeth David écrit : « En cuisine, il est toujours possible de rater un plat. Personne ne peut éliminer ce risque. » Mais elle serait d'accord avec Richard Olney lorsqu'il écrit : « Échouer n'est pas une honte, et c'est souvent plus instructif que le succès. »

Dans la théorie utopiste, oui, je peux le concevoir. Mais en pratique, échouer est bel et bien ressenti comme une honte pour la majorité des cuisiniers domestiques, et il faudrait des années de thérapie pour les convaincre du contraire. Aussi ai-je développé, au fil des années, une très bonne méthode pour réduire les risques d'échec. Si je prépare un jour un plat qui s'avère à mi-chemin entre le ratage complet et le gâchis total, je ne le refais pas. Plus jamais. C'est la sélection naturelle appliquée à la cuisine. Et, en tant que méthode – dans le sens le plus ordinaire du terme –, c'est simple.

Dans le rouge

Les Français ont toujours entretenu une relation curieuse avec les racines comestibles, voire du mépris à leur endroit. Ils vous diront que le navet, par exemple, a des vertus extraordinaires ; en même temps, je n'ai rencontré personne en France qui sache ce qu'est vraiment le panais. Récemment, une Française m'a raconté qu'elle n'avait jamais goûté à du topinambour, et encore moins à du rutabaga, mais qu'elle avait entendu dire que pendant la guerre, les gens étaient si pauvres qu'ils se jetaient dessus. Elizabeth David note en passant que le panais est « utilisé en très petites quantités pour parfumer les légumes d'un *pot-au-feu** ou d'une soupe ».

Je me souviens de ma surprise, lors de mon premier séjour en France, quand je vis au bord des routes de campagne un triangle rouge indiquant

BETTERAVES. Comment les paysans français pouvaient-ils récolter et transporter cet admirable légume au point d'en faire un danger pour la circulation ? Certes, il s'agissait de betteraves à sucre, mais tout de même, il me paraissait quelque peu méprisant de mettre sur le même plan les *betteraves** et d'autres dangers de la route non comestibles, tels les *gravillons**, les *chutes de pierres** et les *chaussées déformées**.

La betterave potagère a connu des hauts et des bas dans sa vie. Edouard de Pomiane note qu'Oribasius, médecin de l'empereur Julien l'Apostat, en disait du mal. Alors que je mentionnai en passant cette information dans un mail au grand spécialiste d'Aristote, Jonathan Barnes, celui-ci me répondit qu'« Oribasius avait surtout recopié des passages de Galien de Pergame ». Très bien : Galien disait donc du mal de la betterave. D'après lui, il faut la faire bouillir deux fois pour la rendre mangeable, et il ne la tient pas en haute estime : « Une fois bouillie, elle n'est sans doute pas moins nutritive que n'importe quelle autre plante de la même espèce. » Et : « En tant que laxatif, elle n'est ni efficace ni nocive. »

Lorsqu'elle fut introduite pour la première fois en Grande-Bretagne, au XVIIe siècle, la betterave était considérée comme une douceur pouvant s'utiliser de diverses façons. Au XVIIIe siècle, il existait même une recette de « biscuits à la betterave rouge ». Mais le puritanisme finit par s'imposer : voici un légume naturellement doux et sucré ; rendons-le peu ragoûtant et amer. Mrs Beeton ne propose que deux façons de l'accommoder – macéré dans du vinaigre ou bouilli ; il est vrai qu'elle cite aussi une insipide recette de pain bis bon marché, qui suggère de râper la betterave puis de la mélanger à une quantité équivalente de farine. Si cela ne suffit pas à vous en dégoûter, il existe d'autres méthodes encore plus raffinées. Un correspondant à Oldham me raconta que son grand-père paternel refusait de manger de la betterave, car on s'en servait dans son enfance pour décorer les plates-bandes des cimetières. Toute sa vie, cette funèbre connotation paralysa ses papilles gustatives.

Pendant la majeure partie du XXe siècle, des générations d'écoliers ont grimacé devant des rondelles rances de betterave qui tachaient la délicieuse viande en conserve posée sur leur assiette. En ce qui me concerne, cette racine me rappelle toujours la fourchette à saumure de ma grand-mère, un modèle à deux dents en métal argenté, muni d'une traverse mobile pour déloger la pièce embrochée. Dans mon esprit d'enfant, tout ce que cet instrument attrapait ne pouvait être qu'infect. L'objet ne l'indiquait-il pas ? On l'employait parce qu'aucun être sensé n'aurait accepté de toucher avec ses doigts les répugnants oignons, cornichons, betteraves ou autres légumes conservés dans du vinaigre.

À cette époque, les chips ne se faisaient qu'avec des pommes de terre ; aujourd'hui, on croque dans des racines variées, et l'on trouve même des gens qui méprisent le panais et le céleri-rave pour ne consommer que des racines d'un pourpre consulaire. À cette époque, on faisait bouillir les betteraves dans des casseroles en aluminium, après avoir pris soin de retirer la queue en la tordant plutôt qu'en la coupant, ce qui aurait provoqué un léger saignement au lieu de l'hémorragie souhaitée ; aujourd'hui, on les passe au four, thermostat 1 ou 2 maximum, et elles perdent très peu de sang. À cette époque, il arrivait qu'on se lance, les soirs d'hiver, dans la confection d'un bortsch ; aujourd'hui, ce serait plutôt une exquise recette moderne, comme le Consommé de betterave en gelée à la crème aigre et à la ciboulette. Il est rare de ne pas retourner une salade mélangée dans un restaurant sans découvrir plusieurs feuilles dont les artères et les veines sont de couleur pourpre. On fait des Gratins à la betterave et des Tartes Tatin à la betterave. Au mépris de Galien – pour qui la betterave à moitié cuite « provoquait des gaz, des maux d'estomac et parfois des coliques » –, il existe une recette de Risotto à la betterave, dans laquelle on cuit la moitié de la racine crue que l'on a au préalable râpée, puis on ajoute l'autre moitié vers la fin de la cuisson ; je me sens toujours très bien, et je ne vois jamais personne se tordre de douleurs abdominales.

Les Français nous ont devancés. D'après Elizabeth David, Pomiane fut le premier à briser le préjugé contre la betterave. Bien avant Michel Guérard, il la servait chaude avec du lièvre. Ou bien, il la mélangeait (chaude encore) à de la crème et du vinaigre, « une combinaison guère française », note David, « et certainement pas la seule de ses excentricités à éveiller le mépris des réactionnaires dans le domaine des légumes ».

La betterave aurait-elle atteint son apogée ? Après avoir été sauvée puis mise à la mode, est-elle devenue banale ? C'est bien possible, pour le chef soucieux de la décoration de l'assiette, où elle n'est juste qu'une touche de couleur utile, indépendamment de tout usage culinaire. Rien n'échappe aux cycles de la mode ; même les choses simples et nécessaires. Prenez les pommes de terre nouvelles : un coup, on les gratte, puis on leur laisse la peau, puis on les frotte juste ce qu'il faut pour que la peau subsiste à divers endroits en un dessin artistique ; un coup, on les cuit à l'eau, puis au four, puis rôties, etc. Les denrées plus rares sont encore plus sensibles aux mouvements de mode.

La betterave doit peut-être prendre des vacances, tout comme le kiwi, la citronnelle, les tomates séchées et le jarret d'agneau. Consolons-nous : contrairement à des temps de guerre et de famine où l'on est réduit à manger les « racines de disette », un produit disparaît seulement parce qu'un autre le remplace. Bientôt, peut-être, ce sera le tour du carvi, du chou-navet, du persil de Hambourg et du chou marin si cher à Jane Grigson. Et un jour, qui sait, les Français se laisseront aller et découvriront même le panais.

Ce n'est pas un grand dîner

Le restaurateur Kenneth Lo représenta la Chine à la Coupe Davis dans les années 30. J'ai eu l'occasion de le rencontrer une fois. À plus de soixante-dix ans, il avait encore un bon coup de raquette. Il me raconta que son jeu s'était amélioré, passé la soixantaine. Je lui demandai comment, et pourquoi.

« Je suis plus détendu », m'expliqua-t-il.

Sa réponse me surprit, mais Wimbledon ne le confirme-t-il pas tous les ans ? Quoi de plus angoissé que le jeune espoir, ruisselant sous les logos, poussé par Papa et Maman Tennis, terrifié par l'échec ? Ou de plus triste finalement, que la suprême énergie de l'athlète, la concentration d'un véritable robot qui sont nécessaires pour devenir un champion ? Souvent, la victoire ne paraît guère être plus qu'une douloureuse libération par rapport à la défaite. Puis, après le départ des cogneurs, des frappeurs et des beugleurs, un quatuor d'anciens sort au soleil couchant. Ils sont plus sages, plus lents, manifestement détendus et prennent plaisir au jeu comme cela ne leur est peut-être pas arrivé depuis l'enfance.

À l'époque, je pensais que nous ne parlions que de tennis. À la réflexion, la remarque de Lo s'applique à d'autres domaines, entre autres celui de la cuisine. Ce devrait être un plaisir, non ? Les préparatifs, prévoir, faire les courses et cuisiner ; l'acte lui-même, manger avec ses amis ; et enfin, le souvenir de l'événement, avec satisfaction et modestie. Malheureusement, cela se passe rarement ainsi. Bien trop souvent, l'angoisse anéantit le plaisir de l'anticipation, l'alcool oblitère à moitié le moment lui-même, et la gueule de bois, aggravée par la vaisselle qui s'entasse dans notre dos, affaiblit les souvenirs.

Il y a quelques mois, nous avions des amis à dîner. Une épouse entra, jeta un coup d'œil à la table dressée pour six et s'exclama : « Quel courage ! Moi, je ne fais plus de grands dîners. »

Il n'y avait qu'une seule réponse possible : « Ce n'est pas un grand dîner. »

Premièrement, parce que la phrase est bannie chez nous. Changez-la, et votre attitude changera.

CHAUCHA

« J'ai un ami qui déclara un jour, d'un air mélancolique : "Je songerais bien à me retirer si l'on ne disait pas 'se retirer'." » Aussi « des amis viennent dîner » n'est pas un euphémisme, simplement une autre façon de décrire la chose. Cela ne signifie pas que l'on se démènera moins dans la cuisine ou que l'on appréciera moins la compagnie – au contraire.

« Un grand dîner » : quelle terrible expression. Le devoir telle une Super Maman de Champion, avec le cuisinier domestique se débattant sur la ligne de fond, stressé et convaincu que son revers va partir dans tous les sens. Et le stress est accru subtilement, si ce n'est volontairement, par les écrivains culinaires. Un grand dîner, cela veut dire qu'on doit préparer trois plats, n'est-ce pas ? De par leur présentation, les rubriques culinaires dans les journaux et les livres de cuisine semblent entériner ce précepte. Entrée, plat principal, [fromage] entre crochets car vous n'êtes pas censé le faire, dessert. Menus de saison, déjà organisés pour vous, en trois parties. Si l'auteur peut y arriver, vous pouvez aussi. Donc, vous le faites, même si vous protestez secrètement. Après tout, vous avez bien acheté le livre, non ?

Mais si les livres de cuisine créent en partie le problème, ils peuvent aussi apporter la solution. Laissons parler l'un de mes héros culinaires, à savoir Edouard de Pomiane. Les deux premières pages de *Cooking with Pomiane* s'intitulent : « Les devoirs de l'hôtesse. » À première vue, il y a de quoi déprimer. En fait, il faudrait les photocopier et les coller sur sa hotte. D'après Pomiane, trois sortes d'invités peuvent envahir votre maison :

(1) Ceux qu'on apprécie.
(2) Ceux qu'on est obligé de fréquenter.
(3) Ceux qu'on déteste.

Pour chacune de ces occasions, « on préparera, respectivement, un excellent dîner, un dîner sans aucune originalité, ou rien du tout, puisque dans le dernier cas, on achètera un plat déjà cuisiné ». La distinction est utile. Il paraît mesquin de se demander si l'on apprécie ou non ses invités ; mais y a-t-il plus décourageant que de faire la cuisine pour un raseur ingrat ?

Bien sûr, il reste l'obligation de préparer « un excellent dîner » pour « ceux qu'on apprécie ». Écoutons à nouveau Pomiane : « Pour un dîner réussi, il ne faudrait jamais être plus de huit. On préparera *un seul bon plat.* » C'est lui qui met les italiques, pas moi. Ne vous réchauffent-ils pas le cœur ? Il s'agit toujours d'un repas composé de trois plats, ou quatre avec le fromage entre crochets, mais tout l'effort est concentré sur le plat principal. Et comme Pomiane le laisse entendre, on peut toujours acheter quelque chose chez le *traiteur** ou le *pâtissier** pour l'entrée ou le dessert, ou pour l'entrée *et* le dessert.

Les Français trouvent cela tout naturel ; maintenant qu'il est relativement facile d'acheter chez nous toutes sortes de hors-d'œuvre corrects ou de tartes aux fruits d'aspect fait maison, il n'y a aucune raison de s'en priver. Considérez la question sous cet angle : qu'est-ce que vos invités préféreraient : un(e) hôte(sse) épuisé(e) d'avoir trimé jusqu'à la dernière minute, ou la version plus vivante de la même personne, qui a eu recours à quelque expédient parfaitement raisonnable ? Sans nul doute, il y a un résidu de puritanisme à surmonter ; on ne doit plus penser que l'on triche en faisant passer un plat acheté dans le commerce plus ou moins comme sa propre production. La tricherie serait d'annoncer haut et fort qu'on l'a fait.

Récemment, avec une semaine chargée et « des amis qui viennent dîner », je me suis rappelé la phrase de Pomiane, mais je l'ai inversée. Au lieu « d'un seul bon plat », je me suis décidé pour deux moitiés : l'entrée et le dessert, tandis que j'ai acheté le plat principal – des lasagnes aux champignons – chez le traiteur italien du coin. Voici comment procéder avec votre traiteur : deux jours avant, vous lui apportez un plat qui va au four, puis vous allez le chercher rempli et prêt à cuire. Présenter les lasagnes dans votre propre vaisselle suggère sournoisement, je l'admets, que vous les avez préparées vous-même.

Le dîner se passa bien et le chef fut détendu. Personne ne fit le moindre commentaire sur mon entrée (ce qui me vexa un peu) ni sur mon dessert (les saligauds). Mais tout le monde s'accorda pour dire : « Ces lasagnes sont délicieuses.

– Tant mieux », répliquai-je fermement. La bonne réponse, me semblait-il.

Quinze jours plus tard, je reçus un mail de l'un de mes invités – heureusement à l'étranger – dans lequel il renouvelait ses éloges et me demandait la recette. Qu'auriez-vous fait, hein ? Je consultai Marcella Hazan, notai les ingrédients essentiels, suggérai un mélange de champignons frais et de champignons déshydratés et n'hésitai pas un seul instant sur le temps de cuisson (tout simplement parce que le traiteur me l'avait indiqué). Encore la bonne réponse, me dis-je. Une semaine plus tard, je reçus le mail suivant : « Mes lasagnes n'étaient pas aussi bonnes que les tiennes. »

Pour cette situation, même le sage Edouard de Pomiane n'a aucun conseil à donner.

Le tiroir du bas

Vous rappelez-vous les vieux hachoirs d'autrefois ? La pince avec son écrou ailé qui se vissait sur le dessous de la table de la cuisine ? L'arbre en spirale ? Les différents disques en métal terni ? Et la viande qui sortait, après avoir subi l'assaut d'un meurtrier impitoyable ? Après un siècle ou deux, cette loyale machine a fini par changer de look ; comme beaucoup d'autres fashion victimes culinaires, j'ai succombé à une machine en plastique moulé orange et blanc, dotée d'une astucieuse ventouse qui lui permet d'adhérer – théoriquement – à n'importe quelle surface. Je ne sais pas pourquoi, mais la mienne n'a jamais marché. J'ai eu beau cracher sur la rondelle de caoutchouc pour renforcer la succion, l'ensemble s'écroulait chaque fois que je tournais la poignée. Aussi le gadget finit-il sa vie dans le cimetière des éléphants, le *tiroir des refusés**, et je passai à la classe supérieure : les robots de cuisine. Depuis, hacher est devenu une chose du passé, et ce vieil instrument en métal, une antiquité, au même titre que le moule à fromage de tête, le coupe-pâte et la râpe.

Pourtant, je n'ai jamais pu me résoudre à me débarrasser de mon hachoir récalcitrant. Il passa de tiroir en tiroir puis échoua sur quelque vague étagère, à côté de chutes de moquette et de carreaux de salle de bains en surnombre. Alors que je n'hésite guère à supprimer des livres de cuisine dont je ne me sers pas, j'ai toujours eu plus de mal à jeter les ustensiles de cuisine : un sachet de perles chinoises qui n'ont jamais empêché la pâte de gonfler lorsque je la fais cuire à blanc ; des moules à pain achetés quand mes fantasmes de pâte levée suivaient une courbe ascendante ; un mortier qui, depuis que le pilon s'est cassé en deux, se traîne sans son compagnon. Je continue de les amasser aux côtés de pots sans couvercle (normal) et de couvercles sans pots (absurde).

Dans la cuisine de l'obsessionnel, on trouve l'habituel tiroir aux couteaux, éplucheurs et broches, dont 80 % environ sont régulièrement utilisés. On trouve également un grand pot pour les cuillères en bois, les spatules et autres ustensiles du même genre – 95 % servent ici, et on atteindrait 100 %

sans l'inévitable passoire-cuillère taillée dans une calebasse. Il y a aussi l'autre tiroir – contenant les objets d'utilité sporadique, un enchevêtrement dans lequel on glisse une main hasardeuse, ne sachant pas où se cachent les bords tranchants. Quand l'ai-je vidé pour la dernière fois ? Il y a dix ans ? L'heure d'en faire l'inventaire semblait venue.

Malgré sa petite taille, ce tiroir contient quatre-vingt-deux objets (en comptant pour un le paquet de brochettes en bois). Je me sers régulièrement du couperet pour hacher la viande et de la chausse à filtrer la gelée ; sur les quatre bouchons à champagne (dus à la générosité d'amis), je n'en utilise vraiment qu'un seul ; quant au fouet pour les œufs et la poire à arroser, ils ont dû battre et arroser une ou deux fois en dix ans. Mais le reste ? Il y a évidemment une paire de couverts à salade aux manches en forme de girafe, une spatule en plastique blanc à l'air peu hygiénique, vingt et une baguettes, trois couteaux et une fourchette datant de l'époque où les couverts valaient le coup d'être volés dans les avions, diverses cuillères en bois entaillées à l'herminette, une râpe à truffe laissée par un invité, six pailles fantaisie, un outil de plâtrier que j'ai dû trouver utile pour nettoyer le barbecue, une grande fourchette à six dents ternie, d'origine inconnue et d'un usage incertain, quoique peut-être pour servir le poisson, etc. Trois pièces de quincaillerie assorties qui pourraient ou non avoir un rapport avec la rôtissoire dont nous ne nous sommes jamais servis et que nous avons jetée il y a des années. Et tout au fond du tiroir, un crochet à tableaux sans son clou, deux cadavres d'araignées et une amande émondée.

Avec une force toute virile, je me débarrassai de l'amande, des obscurs bouts de ferraille et des couverts d'avion (tellement années 80). Puis, je calai. Logiquement, j'aurais pu jeter trois des quatre bouchons de champagne, mais chacun m'attirait à sa façon. Je réduisis le nombre de baguettes à vingt, dans la mesure où préparer un repas chinois pour dix personnes et demie semblait improbable. Quant au reste, j'avais le choix entre tout jeter ou tout remettre en place. Je remis tout en place.

C'était un mélange d'inertie pathétique et d'optimisme sûrement utile. Mais c'était aussi un signe, et une promesse que je me faisais : un jour prochain, j'aurais la cuisine parfaite. Le Jugement dernier des Ustensiles de cuisine pouvait être ajourné jusque-là. Tous les cuisiniers rêvent plus ou moins de ce jour. En emménageant dans une nouvelle maison, on procède à des ajustements individualisés de la cuisine pour la laisser souvent telle qu'elle est. Une fois dans sa vie, peut-être, on démolit tout pour la refaire du sol au plafond. L'obsessionnel et Celle-pour-qui-il-cuisine s'y sont essayés il y a une vingtaine d'années. Nous sommes même allés jusqu'à consulter un cuisiniste. Après avoir écouté nos désirs, il nous a proposé une solution ; nous en avons discuté, nous avons hésité, nous avons hésité encore, et un jour, il nous a mis dehors pour cause d'indécision.

Mais on ne peut pas savoir ce qu'on veut tant qu'on ne s'est pas trompé. (Certains appliquent ce même principe au mariage.) Certes, il existe des gens pour vous aider et vous conseiller, mais même eux ont des *idées fixes*. J'ai eu un jour une prise de bec avec un cuisiniste à qui j'avais demandé de relever le plan de travail dans un coin de la cuisine de vingt centimètres, pour la simple raison que je mesure vingt centimètres de plus que Celle-pour-qui. Il refusa.

« Quatre-vingt-cinq centimètres est la hauteur d'un plan de travail », répéta-t-il comme s'il s'agissait d'un article de foi.

Je lui répétai ce que je voulais et pourquoi.

Il se tut un moment avant de me sortir ce qui lui paraissait sans doute une réfutation assassine : « Et comment ferez-vous quand vous vendrez la maison ? »

C'est un soulagement de savoir que même les cuisiniers les plus distingués n'obtiennent pas toujours ce qu'ils veulent. Elizabeth David a décrit la cuisine idéale ainsi : « grande, lumineuse, aérée, calme et il y ferait bon ». Également, et dès le premier jour : « rigoureusement ordonnée ». Il n'y aurait pas de « fouillis inutile », et tout le matériel et les ustensiles seraient hors de vue, à l'exception de ceux dont on a constamment besoin. Il y aurait ainsi un pot pour les cuillères en bois – « six devraient suffire et non trente-cinq comme c'est le cas à présent ». Vous voyez : elle est humaine, comme le reste d'entre nous. Même si, à mon avis, aucune de ses trente-cinq cuillères en bois n'a un manche en forme de girafe.

La cuisine de Mrs David aurait aussi des portes-fenêtres, deux éviers, un égouttoir tout en longueur, deux réfrigérateurs, une chaise longue, deux fours et une planche à découper en marbre. Elle serait d'une couleur agréable : les teintes violettes et orange proviendraient uniquement de ce qui, dans la réalité, est violet ou orange, par exemple les aubergines et les mandarines. On y éviterait les erreurs typiques et grossières des « prétendues cuisines modernes ». Chose étonnante, beaucoup disposent « le réfrigérateur à côté du four. C'est à mon sens aussi insensé que de mettre un casier à bouteilles sur le four. » En bref, la cuisine parfaite selon Elizabeth David « évoquerait plus l'atelier d'un peintre meublé d'ustensiles de cuisine que tout ce qu'on appelle traditionnellement une cuisine ».

J'éprouvai un soupçon de jalousie et de honte à la lecture de cette description : évidemment, le réfrigérateur de l'obsessionnel se trouve à côté du four. On croit à l'isolation thermique ou pas. Mais je fus toutefois rassuré de découvrir que même Mrs David n'avait jamais vu ses désirs se réaliser complètement. Quelque temps après avoir décrit son rêve sur le papier, elle se fit enfin installer une nouvelle cuisine dans sa maison de Chelsea, « où la configuration des différentes pièces ne lui permit malheureusement pas de suivre ses projets initiaux ».

Ainsi en est-il de tous nos rêves. Je n'aurai peut-être jamais ce second four dont je suis sûr d'avoir besoin, sans parler d'un fourneau La Cornue. Celle-pour-qui n'aura pas non plus le poêle à bois qui lui fait tant envie. La cuisine continuera également de mal fonctionner : l'évier se bouchera et diverses choses – essentiellement des thés aux fruits, heureusement – tomberont encore derrière le carrousel pivotant, beaucoup trop ingénieux, et disparaîtront pendant des mois. Mais je tenterai d'y voir une métaphore de l'effort culinaire. Cuisiner, c'est se débrouiller avec ce qu'on a – le matériel, les ingrédients, le niveau de compétence. Il s'agit d'une procédure faillible pour laquelle chaque succès, si infime soit-il, nécessite d'être encensé, et plus qu'il ne le mérite, de préférence. Imaginez à quoi ressemblerait votre vie si vous possédiez la cuisine de vos rêves. Il faudrait que toutes vos préparations soient à la hauteur. Pensez au stress supplémentaire, pour vous. Et si vous ratiez un plat, vous ne pourriez plus vous rabattre sur les bonnes vieilles excuses. Alors, merci Mrs David, parce que grâce à vous, j'ai au moins une nouvelle parade : « Désolé, ce plat n'est pas tout à fait réussi. Mais voyez-vous, un branleur m'a foutu le frigo à côté du four. »

La morale de l'histoire

Au cours du deuxième jour du procès intenté par Oscar Wilde au marquis de Queensberry pour écrit diffamatoire, un curieux échange eut lieu entre l'avocat de la défense, Edward Carson, et le dramaturge. Carson s'intéressait à Alfred Taylor, lequel avait procuré de jeunes prostitués à Wilde, et comptait le présenter comme un personnage manifestement douteux : il habitait au premier étage d'une demeure sans domestique (preuve que ce n'était pas un gentleman) ; ses doubles rideaux étaient tirés même pendant la journée (donc, un esthète) ; il faisait brûler de l'encens (pire qu'un esthète) ; il avait de jeunes amis, etc. Le dialogue suivant opposa les deux hommes :

CARSON : Il faisait lui-même la cuisine, n'est-ce pas ?

WILDE : Je ne peux vous répondre. Je n'ai jamais dîné chez lui.

CARSON : Voulez-vous dire par là que vous ne savez pas que Taylor faisait lui-même la cuisine ?

WILDE : Non, mais si c'était le cas, je n'y trouverais rien à redire. Je pense même que c'est faire preuve d'intelligence. Vous m'avez interrogé sur un fait. Je vous réponds que je ne sais pas, mais je ne l'ai jamais vu à l'œuvre, monsieur.

CARSON : Je n'ai pas insinué qu'il y avait quoi que ce soit à redire.

WILDE : Non, la cuisine est un art.

(*Rire du public.*)

CARSON : Un autre art ?

WILDE : Un autre art.

De toute évidence, pour Carson, il y avait quelque chose à redire. Ajouté au reste, le fait qu'un type entretienne une relation plus que familière avec une poêle à frire permettait de prouver qu'on était en droit de se méfier de lui. Et le rire provoqué par la description inoffensive de Wilde présentant la cuisine comme un art suggère que Carson était conscient des préjugés éventuels d'un jury anglais.

D'un point de vue moral, cuisiner est un acte neutre, voire un effort positif ; et les écrits culinaires semblent épargnés par la calomnie carsonesque. En 1923, la femme de Joseph Conrad, Jessie, publia *A Handbook of Cookery for a Small House* [Manuel de cuisine pour les petites maisonnées]. La préface de son mari commence en ces termes :

> De tous les livres publiés depuis des temps anciens grâce aux talents et au travail de l'homme, seuls ceux qui traitent de cuisine sont, d'un point de vue moral, au-dessus de tout soupçon. L'intention de tout autre morceau de prose est discutable et l'on doit même s'en méfier, mais le propos d'un livre de cuisine est unique et incontestable. Il n'a pas d'autre objet, en théorie, que le bonheur de l'humanité pour le plus grand nombre.

C'est là une grande déclaration de la part d'un mari tout dévoué à sa femme, et on pourrait se laisser convaincre si Conrad ne démentait pas son propos par l'aveu suivant : « Je reconnais que je suis incapable de lire un livre de cuisine en entier. » Il faut apporter quelques réserves supplémentaires. Premièrement, on peut imaginer d'autres exemples de prose qui visent le bonheur de l'humanité pour le plus grand nombre, tels les manuels d'apiculture, de techniques de relaxation ou pour aider à réparer son toit. Deuxièmement, plus aujourd'hui qu'à l'époque de Conrad, on sait que les livres de cuisine n'obéissent pas nécessairement à un motif désintéressé. Prenez le chef égocentrique qui profite d'une série télé pour faire la promotion de son livre. Son ambition purement matérialiste vous sautera aux yeux, autant que chez n'importe quelle célébrité qui a publié un livre. Et troisièmement, il est tout à fait possible de penser à un ouvrage de cuisine qui serait immoral : un livre de recettes, par exemple, pour accommoder la viande de toutes les espèces en danger.

Mais en substance, nous comprenons Conrad. Écoutons-le à nouveau : « La bonne cuisine est un agent moral. » Hum-hum, « bonne » : que veut-il dire exactement par là ? « Par bonne cuisine, j'entends la préparation consciencieuse de la nourriture simple de tous les jours, et non les concoctions plus ou moins habiles de futiles agapes et de plats rares. » Ça sent le puritanisme rigoureux et les épais sous-vêtements en laine. Si pour son déjeuner Mrs C. servait à Joseph un œuf coque de la basse-cour avec du pain fait maison, ce serait sans doute bon ; tandis que si elle se rendait chez Fortnum & Mason pour son anniversaire et achetait des œufs de pluvier, de la salicorne et – que sais-je – en éparpillait sur les œufs à peine pochés, puis les servait avec du pain ciabatta à l'olive, ce serait un plat rare et donc mauvais ?

C'est à ce point de sa préface que le raisonnement de Conrad devient quelque peu bancal. Une cuisine saine conduit à une bonne digestion, dit-il (c'est vrai) ; et une digestion aisée, continue-t-il, nous rend gais et raisonnables. Pour le prouver par un contre-exemple, il cite le régime des Indiens d'Amérique du Nord :

> Le noble Indien était un puissant chasseur, mais ses femmes ne maîtrisaient guère l'art de la cuisine consciencieuse – et les conséquences en étaient déplorables. Les Sept Nations autour des Grands Lacs et les Indiens des plaines souffraient de dyspepsie atroce… [et] la vie domestique de leurs wigwams était assombrie par l'irritabilité morose qui suit la consommation de nourriture mal cuisinée.

Ainsi s'explique « la violence excessive » des Indiens d'Amérique. Par opposition, sans nul doute, à la violence modérée des Anglais, des Français, des Belges, des Allemands et des impérialistes américains de l'époque qui mangeaient avec sagesse. Cette thèse s'apparente aux théories généralisatrices, invérifiables et franchement tordues qui font dériver le caractère national du climat, ou le génie de la maladie. L'abbé Prévost expliquait la prédilection des Britanniques pour le suicide par leur consommation de viande de bœuf à moitié cuite (et par le chauffage au charbon et l'abus de sexe). Pareillement, on pourrait laisser entendre que le zèle militaire des Américains est la conséquence de leur amour national pour la restauration rapide – auquel cas, la veuve d'un fantassin pourrait intenter un procès au restaurant fast food le plus proche. Et si l'on était tenté de voir un lien entre l'absorption de protéines et l'instinct d'agression, n'oublions pas qu'Hitler était végétarien.

Pourtant, avec Conrad, nous continuons d'approuver la cuisine simple, honnête, et le principe de « manger pour vivre plutôt que de vivre pour manger ». Dans nos profondeurs gastriques demeure le rêve d'une vie rurale en autarcie : un petit cottage à l'abri d'une vallée, avec un potager et quelques poules, où l'on vivrait et mangerait en respectant le cycle des saisons ; on bêcherait, planterait, moissonnerait, cuisinerait et consommerait ; on produirait de quoi subvenir à nos propres besoins et on ferait du troc avec le surplus. C'était encore plus ou moins possible à l'époque de Conrad. L'écrivain Ford Madox Ford, son grand ami, menait d'ailleurs ce genre de vie dans le West Sussex, après la Première Guerre mondiale. Il partageait un cottage appelé Red Ford avec la peintre australienne, Stella Bowen, et décrivit cette expérience en des termes à la fois lyriques et dénués de sentiment. Ils avaient une chèvre et un cochon, et un jeune garçon pour les aider à bêcher. Il nourrissait des projets grandioses et délirants bien au-dessus de ses capacités – il ne s'appelait pas Ford pour rien –, par exemple, cultiver des pommes de terre résistantes à toutes les maladies, découvrir « la pierre philosophale de l'agriculture », une méthode pour « nourrir les plantes sans le moindre gâchis ».

Ford régnait également sur la cuisine. Dans son autobiographie, *Drawn from Life*, Bowen le décrit comme « un cuisinier extraordinaire ». Par ailleurs, « il répandait le beurre avec largesse et semait le chaos dans la cuisine. Aux fourneaux, il fallait plus d'un marmiton pour le seconder. Peu lui importait le tracas supplémentaire, il ne jetait rien. Il faisait fondre le moindre lambeau de graisse et mettait tous les restes de chou dans une marmite qui mijotait continuellement dans la cheminée ».

Ford cuisina toute sa vie. À la veille de la Seconde Guerre mondiale, après une conférence littéraire à Boulder, dans le Colorado, il prépara du *Chevreuil des prés salés** en guise de dîner d'adieu.

Parmi les personnes présentes se trouvait Robert Lowell, alors âgé de vingt ans. Un quart de siècle plus tard, Lowell se souvient de ce dîner comme « du meilleur repas qu'il ait jamais fait ». Ford, romancier de grand talent, traitait ses recettes comme des œuvres de fiction. « On ne pouvait se douter que son chevreuil était du mouton », dit Lowell.

Pour Philip Larkin, le grand poète anglais du XXe siècle, « la poésie est une affaire de santé mentale », par opposition à ce qu'il appelle (d'après une phrase d'Evelyn Waugh), l'école « très folle, très sainte ». Cuisiner aussi est une affaire de santé mentale – littéralement. Stella Bowen rencontra à Montparnasse un poète qui avait été hospitalisé à la suite d'une dépression nerveuse. Après sa sortie, il vécut dans une chambre donnant sur une rue où se trouvait une *boulangerie**. Le poète fait remonter sa guérison au jour où, en regardant par la fenêtre, il aperçut une femme qui entrait acheter du pain. Il raconta à Bowen qu'il se sentit « saisi d'une envie indescriptible pour l'intérêt qu'elle portait au choix du pain ».

Et c'est bien de cela qu'il s'agit. Choisir un pain. Répandre du beurre partout. Semer le chaos dans la cuisine. Essayer de ne rien jeter. Nourrir ses amis et sa famille. S'asseoir autour d'une table où l'on accomplit l'acte social le plus essentiel, à savoir le partage de la nourriture avec autrui. Malgré toutes ses arguties et ses réserves, Conrad avait raison. C'est un acte moral. Une affaire de santé mentale. Donnons-lui le mot de la fin : « La cuisine honnête influe profondément sur la personne. Elle rend l'esprit serein, la pensée légère, et permet de considérer les défauts de ses voisins avec un regard clément qui est la seule forme sincère d'optimisme. Ce sont là ses titres de noblesse. »

Je ne suis pas tout à fait d'accord sur un ou deux points, mais… j'ai quelque chose sur le feu. Je vous laisse. J'ai de futiles agapes à préparer.

Préface 11
Les débuts tardifs d'un cuisinier 17
Attention : obsessionnel au travail 25
Prendre deux oignons moyens 33
Le livre de cuisine 42
Maestro en dix minutes 50
Non, je refuse de faire ça 59
Le Panier à fleurs et la Mitre d'évêque 67
La petite souris 74
Les bonnes choses 81
Le marchand antipathique 89
Une fois suffit 97
Il fallait le dire plus tôt ! 105
Restez simple 115
Dans le rouge 123
Ce n'est pas un grand dîner 130
Le tiroir du bas 137
La morale de l'histoire 146

CRÉDITS PHOTOGRAPHIQUES

pages 34 : Altrendo/Getty Images, 53 : Zefa/Zoe, 61 : Bernhard Winkelmann/Top, 85 : Chris Bartlett/Getty Images, 91 : Brian Agiwara/Getty Images, 109 : David Noton/Masterfile, 124 : Antonio M. Rosario/Getty Images, 132 : T. Ozonas/ Masterfile, 139 : Michael Mahovlich/Masterfile.

DANS LA MÊME COLLECTION

FRED D'AGUIAR, *Les cris de l'océan*
HOMERO ARIDJIS, *La zone du silence*
ALAIN DE BOTTON, *Les consolations de la philosophie*
ALAIN DE BOTTON, *L'art du voyage*
ALAIN DE BOTTON, *Du statut social*
JULIAN BARNES, *England, England*
JULIAN BARNES, *Dix ans après*
JULIAN BARNES, *Quelque chose à déclarer*
IVAN BOUNINE, *L'amour de Mitia*
SYLVIA BROWNRIGG, *Des pages pour toi*
JEROME CHARYN, *Mort d'un roi du tango*
JEROME CHARYN, *Rue du Petit-Ange*
JEROME CHARYN, *La lanterne verte*
TERRENCE CHENG, *L'étudiant chinois*
JUSTIN CRONIN, *Huit saisons*
ACHMAT DANGOR, *La malédiction de Kafka*
ACHMAT DANGOR, *Fruit amer*
ANITA DESAI, *Le jeûne et le festin*
ANITA DESAI, *Poussière de diamant*
ROBERT DESSAIX, *L'amour de toute une vie*
STANLEY ELKIN, *Mrs. Ted Bliss*
JHUMPA LAHIRI, *L'interprète des maladies*
PENELOPE LIVELY, *Paquet de cartes*
PENELOPE LIVELY, *Le tissu du temps*
PENELOPE LIVELY, *La photographie*

MARGOT LIVESEY, *Tous des criminels*
MARGARET MASCARENHAS, *La couleur de la peau*
CHRIS OFFUTT, *Les hommes ne sont pas des héros*
KÁROLY PAP, *Azarel*
JILL PATON WALSH, *La grotte serpentine*
CARYL PHILLIPS, *La nature humaine*
SOLEDAD PUERTOLAS, *Une vie inattendue*
SOLEDAD PUERTOLAS, *Ils étaient tous à mon mariage*
SOLEDAD PUERTOLAS, *Adieu aux petites fiancées*
JOSÉ MIGUEL ROIG, *Souviens-toi, Schopenhauer*
JOSÉ MIGUEL ROIG, *Le rendez-vous de Berlin*
ELIZABETH ROSNER, *Des démons sur les épaules*
DAVID SANDES, *La méthode miraculeuse de Félix Bubka*
MIHAIL SEBASTIAN, *L'accident*
ISAAC BASHEVIS SINGER, *Ombres sur l'Hudson*
ISAAC BASHEVIS SINGER, *De nouveau au tribunal de mon père*
JOSEPH SKIBELL, *Bénédiction sur la lune*
MADELEINE ST JOHN, *Rupture et conséquences*
VIDOSAV STEVANOVIC, *La même chose*
MADELEINE THIEN, *Une recette toute simple*
HITONARI TSUJI, *Le bouddha blanc*
HITONARI TSUJI, *La lumière du détroit*
HITONARI TSUJI, *L'arbre du voyageur*
SAMRAT UPADHYAY, *Dieu en prison à Katmandou*
SAMRAT UPADHYAY, *Le maître de l'amour*
DAVID VOGEL, *Le sanatorium*
VIRGINIA WOOLF, *La maison de Carlyle*

VIRGINIA WOOLF, *Les années*

JIANG YUN, *Délit de fuite*

LAJOS ZILAHY, *L'ange de la colère*

LAJOS ZILAHY, *Le siècle écarlate*

À paraître

SAMINA ALI, *Jours de pluie à Madras*

ELLEN DOUGLAS, *Le brasier d'une vie*

ANNELIES VERBEKE, *Dors!*

Composition : Dominique Guillaumin, Paris
Achevé d'imprimer
sur les presses de l'Imprimerie Moderne de l'Est
le 25 avril 2005
Dépôt légal : avril 2005

ISBN 2-7152-2508-3 Imprimé en France

3323